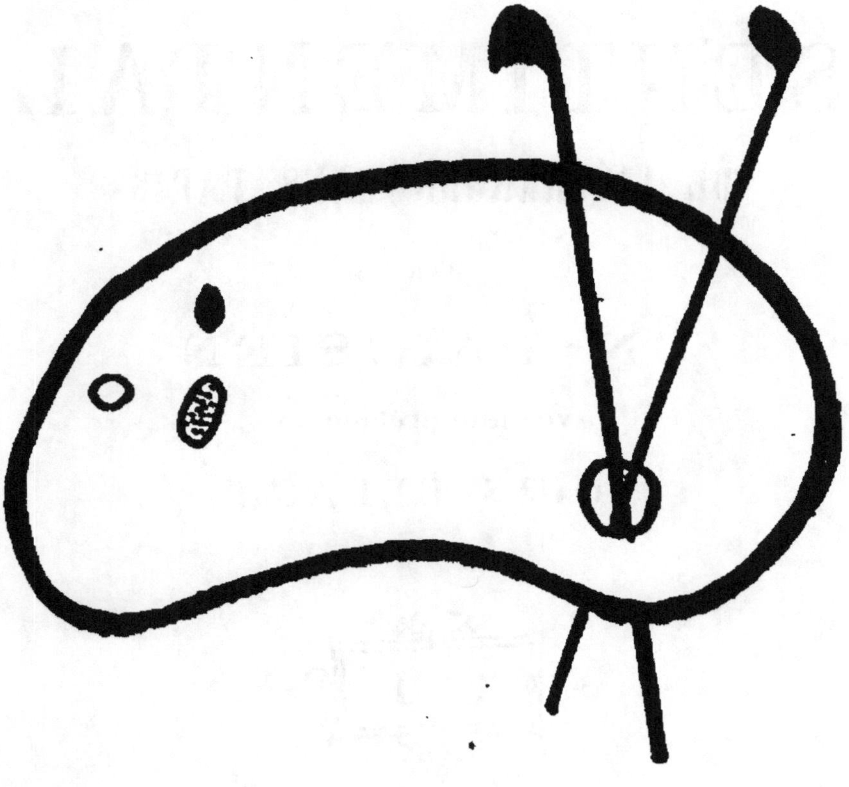

COUVERTURE SUPERIEURE ET INFERIEURE
EN COULEUR

GUIDE SENTIMENTAL

DE L'ÉTRANGER DANS PARIS

PAR

UN PARISIEN

avec une préface de

LOUIS ULBACH

PARIS

CALMANN LÉVY, ÉDITEUR

ANCIENNE MAISON MICHEL LÉVY FRÈRES

RUE AUBER, 3, ET BOULEVARD DES ITALIENS, 15

A LA LIBRAIRIE NOUVELLE

—

1878

GUIDE SENTIMENTAL

DE L'ÉTRANGER DANS PARIS

IMPRIMERIE CENTRALE DES CHEMINS DE FER. — A. CHAIX ET Cie,
RUE BERGÈRE, 20, A PARIS. — 7628-3.

GUIDE

SENTIMENTAL

DE L'ÉTRANGER DANS PARIS

PAR

UN PARISIEN

AVEC UNE PRÉFACE DE

LOUIS ULBACH

PARIS

CALMANN LÉVY, ÉDITEUR

ANCIENNE MAISON MICHEL LÉVY FRÈRES

RUE AUBER, 3, ET BOULEVARD DES ITALIENS, 15

A LA LIBRAIRIE NOUVELLE

—

1878

Droits de reproduction et de traduction réservés.

A M. LÉON BÉRARDI

DIRECTEUR DE L'*INDÉPENDANCE BELGE*

Mon cher ami,

Je vous ai proposé, il y a trois mois environ, la publication, dans l'*Indépendance belge,* d'un *Guide sentimental de l'étranger dans Paris.*

Je vous disais : « Il ne s'agit ni d'un indicateur des rues, des monuments, des hôtels et des marchands; ni d'une œuvre de circonstance, écrite spécialement, uniquement, pour l'Exposition universelle de 1878. Ce sont des notes, librement écrites, un commentaire, tour à tour enthousiaste et moqueur, de la ville qui ne lassera jamais l'enthousiasme, ni ne désarmera jamais l'ironie, un petit livre de bonne et de mauvaise humeur, indépendant

do la grando kermesso des nations, et pouvant
lui survivro. »

Vous avez accueilli l'offro quo jo vous trans-
mettais. L'*Indépendance belge* n'est-ello pas déjà
un guido permanent, universel, do la politiquo
et do la vio socialo françaiso, pour l'étranger
qui veut connaîtro la Franco et Paris, commo
ello l'est, pour lo Français, à travers les mœurs
et les idées do l'étranger?

Vous m'avez permis d'êtro lo collaborateur
do votro apostolat international, et jo réunis
aujourd'hui en volumo, ces feuilles qui étaient
les messages d'un Français do Paris à un
Français do l'univers.

Vous m'avez demandé si lo livre quo jo vous
offrais était do moi. Jo vous ai répondu qu'il
était d'*un Parisien*, et comme jo suis Champe-
nois, la réponso était péremptoiro. D'ailleurs,
écrit-on vraiment sur Paris, autrement que
sous la dictéo do Paris? Si les photographes
signent leurs épreuves, c'est pour donner leur
adresso; mais ils ne se prétendent pas les
auteurs des paysages ou des portraits qu'ils
reproduisent.

Co livre est, avant tout, uno photographio
anonyme, composéo par lo soleil et par l'air

qui passe. Il a suffi d'ouvrir l'objectif sur Paris, pour que l'œuvre se fît d'elle-même.

Je n'interviens donc publiquement et je ne signe ces pages, que pour vous remercier de l'accueil fait à ma proposition, sous ma seule garantie ; que pour attester une fois de plus notre amitié qui feint de vieillir, afin de s'augmenter, et que pour me sacrifier jusqu'au bout à la modestie du photographe, en livrant à la critique mon nom, à la place du sien.

Puissé-je mériter ainsi mes dernières lettres de naturalisation de Parisien, et ne rien perdre de mes titres à votre indulgente confiance, ainsi qu'à votre loyale et solide amitié!

Louis Ulbach.

Paris, 25 juillet 1878.

GUIDE SENTIMENTAL

DE L'ÉTRANGER DANS PARIS

AVIS A L'ÉTRANGER

O toi, qui dois venir, chargé d'argent et d'illusions, visiter Paris, sous le prétexte de visiter
l'Exposition universelle, Étranger, mon hôte, à qui
je vais devoir le renchérissement de ma vie de
ménage, un accroissement dans mes dépenses qui
ne diminuera pas après ton départ; car il est sans
exemple que les fournisseurs, ayant exhaussé leurs
prix pour l'arrivée des étrangers, les abaissent quand
les étrangers sont partis ; toi, qui me seras double-
ment cher, par le prix que j'aurai mis à te posséd-
der, et par la gloire qui me restera de ta visite;
je veux t'obliger à la reconnaissance, en essayant
de te sauver quelque chose de ton argent et de tes
illusions !

Je n'en profiterai pas ; mais j'aurai du moins rempli jusqu'au scrupule les devoirs de l'hospitalité.

Dans une pièce faite... par je ne sais qui, et jouée... je ne sais où, un étranger s'introduisait par la fenêtre d'une riche maison. Le propriétaire, très-ému, accourait en toute hâte :

— Qui es-tu ?

— Que t'importe ! je suis ton hôte !

La réponse m'a toujours paru sans réplique, et ce fier : *Que t'importe !* me semble sublime.

Je sais bien que cet hôte orgueilleux avait des façons de voleur ; mais, même dans ce cas, l'hospitalité imposait les plus grands égards au propriétaire.

C'est d'ailleurs la belle leçon qui se trouve dans *les Misérables* et qui a été fort applaudie au théâtre de la Porte-Saint-Martin.

Un gueux qui sort du bagne vole son hôte pendant la nuit ; l'hôte, éveillé par la gendarmerie, prend parti contre les gendarmes, et, bien loin de réclamer son argenterie, ajoute les deux flambeaux d'argent de sa cheminée au butin du voleur.

Tu ne viens pas pour nous voler, noble étranger, au contraire ; mais je veux remplir envers toi les devoirs de l'hospitalité, absolument comme si j'avais le cœur d'un bon évêque et que tu dusses me dévaliser. Le livre que je t'offre, s'il n'a que la valeur du plaqué ou du ruolz, n'en sera par moins un flambeau tout allumé, que tu garderas, qui t'éclairera dans Paris, que tu souffleras en partant, et que tu emporteras chez toi là-bas, dans les pays que nous ne visitons jamais. Quelquefois, quand tu rêveras à ton séjour dans Paris, il t'arrivera de remettre une étincelle à ce flambeau éteint, et tu enverras un souvenir de reconnaissance au cicerone prudent qui fut et qui restera un ami inconnu, la plus rare, la moins gênante espèce des amis.

Tu as, ou tu auras, je n'en doute pas, ton portefeuille bien garni, et parmi celles qui te tâteront le cœur à Paris, plus d'une te trouvera noble et chevaleresque de porter une pareille armure.

Tu as acheté, ou tu achèteras les meilleurs guides français, anglais, allemands; tous sont les meilleurs, je t'en avertis, car ils se copient tous entre eux; mais aucun ne te suffira; car tous te diront ce qu'il faut voir dans Paris, et aucun ne t'avertira de ce qu'il faut éviter.

C'est ce guide de la coulisse, de l'envers, du soussol, de l'arrière-boutique, de l'arrière-bureau, de l'arrière-alcôve que j'ai entrepris pour toi.

On te fera gravir tous les sommets; on te fera voir Paris du haut des tours de Notre-Dame, des buttes Chaumont, du Père La Chaise, du ballon captif; mais on ne te montrera jamais le Parisien et la Parisienne qui sont le piége et le charme, le parfum ou la peste, l'âme bonne ou mauvaise, la vie de ces carapaces de pierre ou de marbre que l'on te fera admirer.

Tu veux te plonger dans un océan, et tu crois avoir tous les appareils de sauvetage ! Mais connais-tu les eaux obscures, sous les eaux qui miroitent au soleil? Tous les caoutchoucs brevetés qui te maintiendront à la surface, empêcheront-ils un requin de te happer aux cuisses? une pieuvre de s'enlacer à toi et de t'étouffer? des algues perfides de se nouer à tes pieds et de t'emprisonner ?

Supposons que Mentor, en abordant avec Télémaque dans l'île de Calypso, eût borné sa prévoyance à occuper l'imagination de son élève de la flore et de la faune de cette île enchantée, de la hauteur et de la nature des rochers, de l'essence et de la dimension des arbres, et l'eût mis à même de rédiger un guide exact à l'usage des naufragés de plaisance.

Est-ce que ces précautions eussent suffi pour garantir Télémaque contre les grands yeux de Calypso a déesse, et les petits yeux de la nymphe Eucharis? Mentor fut brutal, mais pratique. Il jeta son élève à la mer.

Je ne suis pas Mentor. Paris n'est pas encore un port de mer, et l'on ne jette dans la Seine, à Paris, que des gens préalablement coupés en morceaux.

Je veux t'offrir un mode de sauvetage aussi efficace et moins primitif. Je te dirai la vérité sur Calypso et la moitié seulement de la vérité sur les nymphes : cela te suffira.

Paris a beaucoup d'églises ; mais nulle part tu ne reconnaîtrais, sans mon guide, les temples élevés au seul Dieu que les expositions universelles fassent adorer : le dieu TRUC !

TRUC est le dieu moderne. TRUC fait des miracles dans l'industrie, dans l'art, dans la science, dans la coquetterie. Touver le Truc dans ses œuvres, l'honorer dans sa gloire, s'en méfier dans ses prêtres et surtout dans ses dévotes : voilà le but religieux de mon livre.

Ce dieu-là est partout. Il vit de scepticisme, comme les autres dieux vivent de foi. Pour croire en lui, il faut jurer de n'y pas croire absolument. Il est au café, au restaurant, au théâtre, à la Chambre des députés, au Sénat, et dans bien d'autres endroits. Partout il est invisible et rayonnant, caché dans sa propre lumière.

TRUC est un dieu parisien, qu'on ne prie qu'en argot de Paris, qui n'existerait pas sans Paris, et sans lequel peut-être Paris ne saurait vivre.

Je te le ferai connaître, bon étranger, sans que tu sois obligé d'abjurer tes croyances nationales; tu ne pourrais l'emporter avec toi. Il saisit et reste insaisissable; mais, quand tu le connaîtras, tu le trouveras plus malin que méchant, plus aimable que moqueur, raillant les gaietés maladroites, mais ne riant jamais des larmes.

Ouvre donc avec confiance ce bréviaire du Truc parisien. Souviens-toi que mon but, en te dédiant ce guide sentimental, est, non pas de te faire haïr Paris, mais, en t'épargnant des mécomptes, de te le faire aimer avec discernement.

Je veux te rendre, en un mot, aussi Parisien que le plus Parisien d'entre nous; autant que moi, plus que moi peut-être, puisqu'on m'accusera do trahir le secret des Parisiens, au profit des étrangers.

Paris le 1er avril 1878.

PARIS-HOTEL

A quelle heure faut-il arriver à Paris?

Le matin! — répond l'instinct naïf. Le soir! — dit l'expérience. Le matin, Paris qui s'est endormi tard a la face blême; le voyageur qui s'éveille dans la gare a la mine blafarde, saupoudrée de suie. Il faut ménager, dans une première entrevue, l'effet de ces deux laideurs.

J'ajoute que, par une fatalité singulière, le premier sourire visible de Paris laisse voir ses dents gâtées.

Le voyageur qui descend de la gare de Lyon se heurte à Mazas; celui qui vient par le chemin de fer de Bordeaux frôle la Salpêtrière, et celui qui arrive par le chemin de fer du Nord croit entrer dans une annexe de l'hôpital de Lariboisière.

Quand Paris veut embellir les premières impressions d'un voyageur illustre, il le fait passer par les

Batignolles, pour lui permettre d'aborder en vue de l'Arc de triomphe.

Mais ce qu'on fait pour le schah de Perse n'est pas à la portée d'un simple étranger. L'entrée des artistes, au théâtre du monde, est, comme celle de tous les théâtres, laide ou au moins maussade. Elle est à l'envers du vrai Paris.

Il est donc assez important d'arriver entre neuf heures du soir et minuit. Le voyageur qui a envie de dormir a plus d'indulgence à cette heure-là pour ce qu'il devine mal. Au rebours de ce Gascon, qui ne voulait pas pleurer le soir même la mort de son père, parce qu'il l'apprenait en tombant de sommeil et qui disait : « J'aurai bien du chagrin demain en m'éveillant » ; le voyageur moulu, brisé, qui sort de la nuit du wagon pour entrer dans le vague et dans l'obscur, peut se dire en bâillant :

— J'aurai bien du plaisir à regarder Paris demain matin !

*
**
*

Sans compter que la première épreuve qu'on lui fait subir a pour effet d'augmenter démesurément son envie de dormir.

On le parque dans l'antichambre de la salle des bagages ; là, il attend que le recensement des colis soit fait. Il écoute des bruits sourds ou éclatants, des heurts, des injures, des chutes formidables de caisses dont le plancher tremble. A qui cette malle dont on vérifie la solidité? Malheur aux objets fragiles, aux parures délicates, aux souvenirs apportés du pays!

Depuis l'invention des chemins de fer, on n'a pas encore trouvé, en France, le moyen d'épargner aux voyageurs le supplice de cette attente, compliquée d'un nouveau supplice, quand la porte de la salle est ouverte et quand il faut courir à la recherche de son bien.

Je passe sur l'ennui de réunir les bagages éparpillés; on peut se faire aider par un facteur, et l'assurance manifeste d'un pourboire diminue l'inconvénient de cette recherche.

On n'a plus qu'à solliciter le paraphe, sur son colis, de l'employé de l'octroi. La visite, exigée par la régie, est si illusoire, si sommaire, qu'on se demande toujours pourquoi on en fait même le simulacre. Pour être opérée minutieusement, exactement, elle obligerait les voyageurs, les employés, à une station de plusieurs heures; on en arriverait au rétablissement de la quarantaine.

Tout se borne, pour sauver la *foorme*, à une question, invariablement suivie d'une réponse négative, ou bien, quand les commis de l'octroi ont le temps, à un farfouillement rapide à travers le linge propre.

Cette inutile vexation accomplie, l'employé marque fièrement à la craie blanche la malle ou le portemanteau, comme s'il était un augure et qu'il voulût attester une date heureuse!

étranger a dû prendre la précaution de s'assure. d'un omnibus ou .de faire retenir une voiture
de place, quand il y en a en quantité suffisante.

Il serait si simple, à la dernière station avant
Paris, d'envoyer une dépêche au surveillant des
voitures, pour être certain de trouver, en arrivant,
les moyens de transport indispensables! Quelques-uns
ne manquent pas de le faire, mais ce n'est là qu'une
exception. Paris est censé pourvu de superflu; aussi
ne s'avise-t-on jamais de lui réclamer d'avance le
nécessaire.

Mais rassure-toi, mon hôte; on trouve toujours
des voitures, dût-on attendre un peu ; c'est encore
à cette occasion que le pourboire, ce denier des
vicaires du dieu Truc, commence à fonctionner.

Qui que tu sois, homme du Nord aux allures
froides, homme du Midi aux allures pétillantes, ne
t'offusque, ne t'irrite jamais des façons, générale-
ment désagréables, de tout employé à qui le besoin
d'un renseignement te ferait recourir, dans l'intérieur d'une gare de Paris; ton dépit n'y ferait rien.
Les compagnies de chemins de fer, en France, ne
sont pas établies pour les voyageurs; ce sont les
voyageurs qui voyagent, qui circulent, qui courent
tous les risques d'avaries, pour le plus grand bien
des compagnies de chemins de fer.

D'ailleurs, ô mon hôte, profite comme nous du
mal relatif qui nous fait attendre patiemment le mal
absolu.

Quand tous les chemins de fer français appartiendront à l'État, tous les employés, depuis le chef de gare, jusqu'au graisseur et au lampiste, seront promus à la dignité de fonctionnaires de l'État ; et, si tu n'as jamais vu un fonctionnaire français dans l'exercice de cette fonction qu'on appelle : — Recevoir un contribuable, — tu ne peux t'imaginer l'avenir qui nous est réservé par les chemins de fer.

Les choses en viendront probablement à un tel excès, qu'on sera obligé de faire des lois protectrices..... non pas des voyageurs, mais des employés de l'État, pour garantir ceux-ci contre la juste irritation du public.

Sois donc heureux, comme nous, de la politesse que tu trouveras, si tu en trouves encore, et de l'indifférence inoffensive dont tu auras à souffrir.

*
* *

Te voilà dans ton fiacre ou dans ton omnibus ; voyageur, mon ami, où vas-tu ?

Ton guide t'a donné des noms d'hôtel ; as-tu fait un choix ? Prends garde alors, en transmettant le nom à ton cocher.

S'il ne lui plaît pas de te conduire à l'hôtel désigné, c'est-à-dire s'il a un intérêt positif à te conduire ailleurs, il te livrera sans défense aux ingénieux spéculateurs dont il est le courtier, et une fois introduit, enregistré, conduit à ta chambre, oseras-tu bien protester, courir après un nouveau gîte ?

Quel hôtel faut-il te conseiller, si tu tiens à la vie d'hôtel?

Rassure-toi, noble étranger, sur qui vont pleuvoir les prospectus et les adresses; je ne fais de réclame à personne.

Avant que je te renseigne, renseigne-moi!

Quel âge as-tu? ou plutôt quel âge veux-tu avoir pendant ton séjour à Paris? Il y a des quartiers pour toutes les illusions.

Comment te portes-tu?

As-tu les jambes alertes, les poumons solides? Peux-tu monter? peux-tu descendre? peux-tu marcher? Aimes-tu les longues distances qui te mettront à portée de l'activité parisienne sans te jeter dans la fournaise? Veux-tu, au contraire, t'introduire tout de suite dans l'étuve, pour n'en plus sortir et y rester plongé jusqu'à l'heure du départ?

Enfin, es-tu riche?

C'est la dernière question que je te pose; c'est la première que les hospitaliers, permanents ou accidentels, des deux sexes, voudront résoudre en te recevant, en te traitant comme un étranger, et même, si tu deviens un client sérieux, en te traitant comme un ami, surtout en te traitant comme un amant.

A Paris, on est solidement riche, à partir de cent mille francs de rente; il est vrai qu'on le paraît souvent, sans avoir un sou de revenu.

L'étranger, lui, n'a pas cette alternative; le parasitisme lui est interdit; son crédit est éphémère; il peut faire des dupes; il n'a guère la possiblité de faire des dettes.

As-tu vingt mille francs à dépenser en trente jours? On mettra à ta portée des moyens décents de les faire entrer dans la circulation. Serais-tu un modeste curieux, à mille francs par mois? Tu peux encore, sans jeter la coupe après chaque libation, goûter amplement au nectar. J'avoue qu'au-dessous de ce chiffre, je ne puis rien te promettre. Reste chez toi, ou, si tu t'obstines à venir, sois philosophe!

L'Amérique nous a donné la mode d'hôtels gigantesques, qui sont des sortes d'États-Unis en chambres, de petites capitales dans la grande capitale.

Je ne médirai pas plus de ces établissements que du progrès. Tout ce qui est nécessaire à la mécanique de la vie s'y trouve. On s'y procure même, sous forme d'ascenseurs, la mécanique de la mort.

Grande table, grands vins, grands prix, interprètes, télégraphes, courtiers, gérants, sous-gérants, inspecteurs, sous-inspecteurs, tu auras à satiété tout ce qui peut rhythmer, dépecer, étourdir ton existence.

Il paraît qu'on parvient à dormir dans ces maisons tumultueuses; mais je te défie d'y méditer, de t'y recueillir, d'y rêver une installation un peu intime, de donner à cet abri de quelques semaines cette empreinte personnelle, qui console de la maison lointaine, et de son *home* déserté.

A une époque où la vertu régnait sur la terre, il y a environ quinze ans de cela, la surveillance la plus rigoureuse était exercée sur les mœurs des voyageurs dans certains grands hôtels, et l'on priait impitoyablement tout étranger sensible qui ouvrait sa porte ou sa fenêtre aux hirondelles de passage de vouloir bien les suivre, quand elles s'envolaient pour ne plus rentrer.

Je crois que cette rigueur s'est beaucoup adoucie; la clientèle en eût trop souffert.

Je ne te dirai pas de mal des hôtels de Paris, en général, car je n'aurais à contredire personne; nul ne songeant, excepté les hôteliers, à t'en dire du bien.

Quiconque a fréquenté les hôtels de Suisse n'a pas à se plaindre du prix de la bougie dans les hôtels parisiens. Je n'insisterai donc pas sur les petites misères du service, de la table d'hôte, du mobilier disparate, du luxe banal et écœurant, des complaisances coûteuses et des politesses intéressées.

A vrai dire, Paris est un peu comme ces grands seigneurs, au-dessus des vulgarités, qui vous invitent, sans se préoccuper du gîte, de la nourriture, du confort que vous trouverez, en attendant l'heure des fêtes; pourvu qu'au signal de l'archet et de l'illumination, vous soyez, pour l'ensemble du coup d'œil, à la place réservée dans le gala.

L'hospitalité parisienne s'exerce surtout dans la rue, sur les places, au théâtre; pour le reste, la spéculation privée fait ce qu'elle veut et ce qu'elle peut. Paris ne met pas son orgueil dans le traversin qu'il offre. On ne vient pas à Paris pour la vie d'hôtel; on y vient pour la vie extérieure; voilà pourquoi les palais sont si rares pour héberger les voyageurs et si nombreux pour les amuser.

Choisis donc, mon hôte, selon ton humeur, ta santé et ta bourse ; surtout, ne mets pas ta vanité dans le choix de ton hôtel. Nul à Paris, sur l'asphalte ou dans ton salon, ne te classera d'après le numéro de ta chambre.

Quand je te dis de choisir, je n'entends pas que tu puisses trouver d'autres différences entre les hôtelleries que celles de leur situation sur le plan de Paris.

La nourriture, à peu de chose près, est partout à même. On dirait que, toutes les nuits, les chefs de cuisine des différents hôtels s'assemblent dans les souterrains de la Halle, pour échanger le serment de servir, le lendemain, à la même heure, dans les mêmes plats désargentés, à côté des mêmes réchauds (et jamais dessus), les mêmes combinaisons chimiques.

*
* *

La maison meublée est-elle préférable à l'hôtel ?

Elle a du moins sur l'hôtel l'avantage d'une liberté apparente. On se sent moins surveillé ; on s'imagine être plus indépendant.

Certains propriétaires ont l'attention délicate d'éparpiller dans les salons, dans les chambres à coucher, des photographies, quelquefois même des portraits à l'huile de leurs parents, frères, sœurs, neveux, cousins, qui semblent vous supplier de vous croire en famille.

Défie-toi de ces piéges tendus à ta sensibilité.

L'inconvénient le plus sérieux, récemment révélé, de la maison meublée, c'est d'y trouver, dans une armoire, des cuisses ou des bras détachés, par un locataire précédent, du tronc d'un visiteur resté inconnu.

Flaire donc les meubles, avant d'y déposer tes cravates !

Je n'ose accuser Paul Féval d'avoir donné le goût de ces cachettes de chair humaine; mais la vérité m'oblige à déclarer que, dans un roman profane de ce saint homme (*les Amours de Paris*, je crois), un sauvage, un vrai sauvage, casqué de plumes, enterrait sous une lame de parquet de sa chambre meublée un individu qu'il avait tué et scalpé.

On sait que l'influence des romanciers est considérable sur les mœurs, à ce que disent les moralistes; il n'est donc pas invraisemblable de supposer que la leçon de Paul Féval n'a pas été perdue.

Aujourd'hui, ce romancier fait pénitence et n'écrit plus que pour faire aimer les jésuites. C'est encore une excitation mauvaise; seulement Paul Féval est devenu beaucoup moins éloquent.

Déplions le plan de Paris, pour chercher la région où tu peux choisir ton hôtel ou ta maison meublée.

De la Seine au boulevard Montmartre, nous sentons le feu courir sous les doigts. Voici la fournaise,
la cuve d'Auguste Barbier. Tout y fermente, y bout,
y déborde, le bien, le mal, la débauche, les grands
cafés, les grandes églises, les grandes maisons de
travail.

A gauche, la place de la Concorde ; au nord, les
boulevards, de la Madeleine à la porte Saint-Denis ; à
l'est, le boulevard de Sébastopol ; au sud, la Seine ;
telles sont les limites de ce quadrilatère magique, à
la fois terrible et amusant.

Quiconque veut monter un jour, une heure, sur
la locomotive, pour entendre de plus près la chaudière et voir de plus loin le chemin et les rails,
doit se loger dans ce milieu, chauffé à toute
vapeur.

La Bourse, où l'on tripote ; la place Vendôme, où
l'on spécule ; les boulevards, où tout Paris illustre,
banal, se promène et s'agite et met le feu dans les
veines du colosse ; voilà, pour l'observateur l'atmosphère à respirer.

Dans ce Paris central, tu trouveras des appartements, depuis cinq mille francs par mois jusqu'à
soixante francs, en passant par une série de deux
ou trois cents francs.

Garde-toi, comme de l'ennui, de la rue de Rivoli ;
on y trouve trop d'étrangers, et pas assez de Parisiens. Ces arcades continues ne semblent-elles pas le
péristyle allongé d'un seul et unique hôtel ?

**

Au delà de la place de la Concorde, en montant vers la barrière de l'Étoile, il s'est créé, à droite et à gauche, toute une ville qui se prétend la fleur de Paris, et qui n'en est que le galon. C'est la folie Haussmann qui a mis en friche la folie Beaujon. Là, dans des maisons prétentieuses d'aspect, et piteusement meublées, on regarde par les fenêtres le luxe qui passe; c'est le Paris des Anglais, ce n'est pas le Paris des Parisiens.

Du Parc Monceaux à l'avenue d'Antin, on se croirait à *Belgrave-Square*, avec la haute distinction en moins, que les Anglais n'exportent jamais. Des hôtels de dames célèbres s'y accotent à des *Boarding houses*; la spéculation a fumé le sol. Morny y a fait sa moisson; depuis, on n'a cessé de glaner, et l'étranger est compris parmi les récoltes.

Le Parisien va se promener par là; il n'y loge pas. Toi, qui viens pour connaître Paris et les Parisiens, ne va pas y loger.

**

Le neuvième arrondissement, dont le centre est marqué par Notre-dame-de-Lorette, n'est pas à dédaigner.

Le vieux préjugé sur la gaieté légère qui y circulait autrefois est bien passé de mode.

Tout au plus, sur les hauteurs, au delà de cette église, pimpante comme une salle de concert, entend-on encore, de temps en temps, un rire qui chatouille l'écho de la nouvelle Athènes endormie; mais de la rue de la Chaussée-d'Antin au faubourg Poissonnière, le quartier est grave, tranquille, habité par des commerçants, des boursiers, des écrivains et, un peu plus haut, sur la pente, par des artistes.

Tu peux venir là, si tu aimes à respirer le vent de l'esprit.

* * *

Je ne parle pas des boulevards qui conduisent à la Bastille; j'en dirais du bien fort inutilement.

Veux-tu, noble étranger, dormir près du Paris qui étudie? Passe la Seine; cherche hardiment sur les boulevards Saint-Germain et Saint-Michel.

Comme l'a dit Amédée Pommier :

> Dans ces paisibles latitudes,
> Il est encor des solitudes;
> Séjour des vieilles habitudes;
> Pays des modestes foyers,
> De l'humble pension bourgeoise,
> De l'existence villageoise
> Et de la mode si courtoise
> De ne point hausser les loyers !

Tu ne seras pas trop luxueusement meublé, mais non plus très-fortement écorché, et les hôtes, en te montrant les fenêtres, te feront remarquer qu'ils te donnent, gratis, l'air embaumé du Luxembourg, ainsi que la vue de l'aurore, sur le dôme du Panthéon.

***

Si tu as un deuil, une douleur hautaine, une grande amertume à conserver, le dédain de la jeunesse et de la vie; si tu es, ô mon hôte, un petit aristocrate et un grand dévot, comme je t'aime pour toi, et non pour moi, je vais t'indiquer le climat de ton tempérament.

Franchis le Pont-Royal, va chercher, dans ce qui reste du faubourg Saint-Germain, de grandes chambres solitaires; endors-toi, parmi les ombres! Tu trouveras de l'eau bénite à ton chevet. Les cloches des couvents voisins t'éveilleront pieusement, et tu pourras, ainsi, combiner la tentation de l'enfer parisien, pendant la journée, avec la volupté de faire ton salut, à huis clos, tous les soirs.

Le jardin Mabille et les pères de la Miséricorde : quel rêve et quelle hygiène, ô mon hôte!

II

PARIS QUI MANGE

La France est le Parnasse de la cuisine, et Paris est le sommet du Parnasse.

Dans tous les pays du monde, on confectionne des plats dignes d'être chantés; mais les Muses culinaires ne sont réunies en cortége qu'à Paris.

Si Jupiter, pour continuer la comparaison, revenait jamais prendre la suite des affaires des dieux modernes, dont le règne est très-menacé, il ne trouverait qu'à Paris un chef pour lui rendre le secret perdu de l'ambroisie, et des chimistes pour lui préparer le nectar.

Un Français, qui honore la magistrature de la cour de cassation par son livre de gastronomie, et qui fut de l'intimité de la moins matérielle des Parisiennes, de madame Récamier, Brillat-Savarin, ce

Montesquieu de la table, a dit que l'homme d'esprit *seul* sait manger.

Souviens-toi, mon hôte, de cette maxime, et conduis-toi le plus spirituellement que tu pourras dans Paris-Cuisine. Je vais t'indiquer le moyen d'éviter la sottise, c'est-à-dire le moyen d'éviter la gargote.

* * *

Alexandre Dumas père, qui fut la verve la plus féconde, la plus pétillante, la plus française, la plus parisienne de cette génération, après avoir écrit tous les drames que tu connais et tous les romans que tu as lus, a livré dans un testament le secret de son génie littéraire; la dernière œuvre signée de de lui est un dictionnaire de cuisine.

Talleyrand, le plus grand diplomate, depuis Machiavel, est un des pères de la cuisine contemporaine.

Croit-on que la paix de l'Europe ne serait pas plus sûre, si nous avions quelques hommes comme Talleyrand pour débrouiller les questions, c'est-à-dire quelques grands amateurs de cuisine? Certes, MM. de Bismarck, Gortschakoff, Andrassy, Ignatieff, Salisbury... que sais-je? tous ceux qui tiennent, en Orient et en Occident, la queue de la poêle politique, sont des gens de valeur. Quelques-uns sont des mangeurs; mais s'ils étaient des gourmets, il y a longtemps qu'ils auraient fait revenir dans la poêle la question difficile à avaler.

J'en atteste les annales des congrès passés. Ce qui s'oppose actuellement à la réunion d'un congrès, c'est l'absence de goût, et si le goût se déclare, rappelle-toi qu'un congrès n'aboutira à un résultat sérieux que s'il se tient à Paris, dans l'endroit du monde où l'on sait le mieux dîner.

****

Les restaurants de Paris sont des temples du *goût* sous toutes les formes.

Autrefois, on mangeait n'importe où ; aujourd'hui, il importe de manger dans un endroit élégant, qui réjouit les yeux, qui dilate toutes les fibres, qui fait étinceler un peu de dorure à travers le cristal que l'on vide ; on croit ainsi boire de l'or potable, cet élixir, ce secret de la vie, tant cherché par les alchimistes.

Un plaisant disait que le *palais* ne se réjouit que dans des palais. Ce calembour détestable te prouve, mon hôte, que l'esprit a ses excès ; mais la plupart des aphorismes et des préceptes qui gouvernent le monde se sont révélés à l'humanité sous forme de calembours, depuis le fameux : *Tu es Petrus, et super hanc petram œdificabo, etc., etc.*

Ne t'offusque donc pas des décors de nos restaurants parisiens. Ce luxe n'est pas superflu ; il fait partie du dîner; tu en auras la preuve en payant. Dans les établissements de bouillon Duval, ces omnibus du ventre, pour ajouter une illusion à la réalité, que l'on découpe par portions si étroites, on a pris des filles accortes, grassouillettes, qui rendent acceptable le bœuf bourguignon, et mettent un sourire, comme un filet d'orange, dans les pieds de mouton à la poulette.

* * *

Quand tu entreras dans un restaurant, défie-toi de la place que l'on t'indique; on en réserve une meilleure pour un habitué. Choisis toi-même ta table; reçois la lumière de côté, autant que possible, comme si tu écrivais; ménage-toi la vue du dehors, sans rien perdre de la vue du dedans; évite seulement le voisinage de la coulisse, c'est-à-dire de la porte qui conduit aux fourneaux, tu humerais trop de vapeurs, et laisse-toi servir. Conserve ton libre arbitre; mais prends garde de l'imposer; choisis, discute et ne commande pas.

Dans les restaurants de premier ordre, il n'y a pas, en apparence, de menu écrit; si tu le réclames, si tu l'exiges, tu baisses dans le respect des garçons, et le mépris des serviteurs est le commencement de la déchéance du maître; or, tu dois être le maître, assez obéissant, chez ceux qui t'exploitent.

Interroge, sans parti pris évident; ne te laisse pas

influencer par cette vieille calomnie, que les garçons offrent surtout ce qui date de la veille, de l'avant-veille, et veulent écouler les viandes mûres, les poissons piquants.

Dans les maisons de premier choix, c'est au contraire ces objets avariés que l'on n'offre jamais, mais que l'on tient en réserve pour le présomptueux qui veut lui-même, et tout seul, dicter son menu.

C'est un peu comme le tour de la carte forcée ; quand tu crois choisir, tu tombes dans le piége tendu, et tu ne peux pas te plaindre. Tu l'as voulu, Georges Dandin de ton ventre ; on t'offrait autre chose, tu t'es obstiné à celle-là.

Prends donc garde à ton initiative. En cuisine comme en amour, beaucoup de confiance est nécessaire. Si l'on est trompé, l'indigestion du cœur ou de l'estomac reste au compte de l'infidèle et du cuisinier.

**

On ne demande que la carte des vins; mais il faut la demander; tu verras aussitôt une atmosphère d'indulgence et de bienveillance se répandre autour de toi.

Le sommelier, qui est un garçon inférieur, ne s'appelle que le sommelier ; ne t'avise jamais de l'appeler garçon ! Le moins qu'il pourrait t'arriver de fâcheux, c'est ce qui advint, un jour, au château de Compiègne, à un invité de première catégorie, qui, ne sachant par quel titre distinguer un domestique en livrée des autres fonctionnaires présents, s'avisa de l'appeler : *garçon !*

— Monsieur, répondit gravement le valet, dans la maison de l'Empereur, nous sommes tous *mariés*.

***

La question des hors-d'œuvre est insoluble comme la question d'Orient ; mais elle est élastique comme elle.

Faut-il, par principe, refuser, tout d'abord, le beurre, les radis, les anchois?

Est-il mesquin, ridicule, de se priver de ces accessoires, sous le prétexte qu'ils coûtent inutilement fort cher? C'est là un point toujours débattu.

Il va sans dire que ces scrupules ne concernent que le convive solitaire. La fatuité du beurre et des radis est commandée devant témoins ; avec une femme elle est obligatoire.

J'en dirai autant des fruits, ce piége par excellence des restaurants. Si tu es seul, défie-toi des corbeilles de fruits ; l'aspic de Cléopâtre y est caché ; tu sentiras sa piqûre, à l'addition.

Si tu es *deux*, rends galamment à Ève, avec les intérêts accumulés, la pomme qui coûta déjà si cher à notre ancêtre.

*_**

Quels restaurants faut-il recommander? lesquels faut-il dénoncer?

Depuis Boileau, la satire contre les empoisonneurs publics n'a plus de privilége d'impunité, même en vers.

On a le droit, par la critique, de tuer l'industrie d'un artiste, d'un écrivain; mais il faut absolument respecter celle d'un gargotier.

Je puis déchirer un mauvais livre fait de bonne foi; je ne puis ébranler d'une chiquenaude une table astucieuse, armée de tous les ingrédients de destruction physique et morale.

C'est là la gloire des professions de l'esprit.

Respectons donc l'infériorité du commerce.

Le choix d'un restaurant, à une certaine hauteur de cuisine, n'est qu'une affaire de vanité financière.

Pour deux louis au Café anglais, pour trente francs à la Maison d'Or, pour vingt-cinq francs chez Bignon, pour vingt francs au café Riche, tu auras les mêmes plats assaisonnés et servis de la même façon.

Dans ce steeple-chase du porte-monnaie, le Café anglais dépasse ses concurrents de la longueur de deux fourchettes.

*_**

Si tu veux voir des célébrités artistiques et littéraires prendre leur nourriture réelle, aux heures où elles ne se nourrissent plus de fumée, ce spectacle te sera libéralement offert chez Brébant, sans augmentation, mais aussi sans diminution de prix.

Mais ne va pas confondre les heures! Le matin, Brébant distribue gratis des soupes aux décavés de la civilisation. Quelques personnes s'imaginent qu'il entretient ainsi une société, annexe de la Société des gens de lettres.

Ne partage pas ce préjugé: parmi ces pauvres, il n'y a pas même un académicien.

Brébant est un prix Montyon; ce qui l'autorise à maintenir ses prix.

Veux-tu faire une excursion dans le quartier latin? Demander le cabinet où George Sand a dîné souvent; la table où Sainte-Beuve a fait gras le vendredi saint? Cours chez Magny, rue Contrescarpe.

Quand tu sauras la signification du mot *escarpe*, dans l'argot parisien, tu te croiras à l'abri des écorchures, dans ce lieu d'asile.

***

Chez Durand, place de la Madeleine, on voit passer quelquefois des fantômes du régime déchu.

Comme ils ne font pas eux-mêmes *la pâtée* pour les républicains, on peut y manger sans répugnance et sans crainte.

***

Noël, passage des Princes, te servira sous les
voûtes d'un Alhambra; c'est sa plus grande originalité.

Champeaux, place de la Bourse, offre en tout
temps l'illusion de la verdure aux spéculateurs en
illusions, qui ont leur officine dans le palais en face.

***

J'aurais d'autres noms encore à citer; mais à quoi
bon?

Je te laisse la chance de quelques découvertes. Je
t'ai indiqué les phares, en te rappelant que les phares
sont presque toujours eux-mêmes des écueils illu-
minés.

***

J'aurais voulu ajouter à ce livre une carte *du
Tendre*, pour Paris. Les restaurants eussent été placés
auprès du village de *Petits-Soins*, et dans un coin
j'aurais indiqué d'un trait les endroits mystérieux,
comme celui où Chateaubriand allait chanter Bé-
ranger, *l'Arc-en-Ciel*, dit *Temple de l'Adultère*,
derrière le Jardin des Plantes.

Faut-il te prémunir contre les traits et les attraits

du cabinet particulier? Je ne veux m'en occuper, dans ce chapitre, qu'au point de vue de la cuisine.

Qui que tu sois, *quelle qu'elle* soit, ne discute pas le menu devant *elle*; tu démasquerais tes batteries, et ce serait absolument comme si tu marchandais avec le serpent le fruit défendu. Cueille et laisse cueillir; le garçon suffit à t'indiquer les branches, et, sois tranquille, tous les fruits seront en or.

Discrétion sublime, complicité charmante, magnétisme ajouté aux effluves naturelles, tu trouveras tout dans le garçon qui ouvre et surtout qui ferme les compartiments des *petites maisons* (cellulaires du xixe siècle.

A ce propos, je veux réfuter une hérésie capable de déshonorer Paris.

M. Émile Zola, ce fantaisiste par excellence, qui veut faire croire aux êtres à deux pieds qu'ils marchent à quatre pattes, ayant à décrire une scène de cabinet particulier, selon son procédé ordinaire, raconte que, dans un boudoir du boulevard des Italiens, après un tête-à-tête entre une grande dame et un jeune gandin, le garçon du restaurant, en recevant le prix de l'addition, dit à la grande dame, légèrement ébouriffée:

— Si madame veut le peigne?

J'en atteste le cabinet en onyx du café Riche et tous les nids capitonnés des restaurants! Ce peigne est une infâme calomnie. Ne sois pas dupe, ô mon hôte, de cette ignorance d'un fantaisiste. Un garçon du boulevard des Italiens offrant un peigne! Proposer une raie brutale sur le front troublé de la nymphe qui va s'échapper du nuage! Mettre ce peigne sur le dessert! Quel peigne? Le peigne banal, universel, le peigne de l'établissement; quand la plus vertueuse des Parisiennes a dans sa poche tout l'attirail de toilette, facile à porter, même en voyage à Cythère! Quelle aberration! quelle balourdise! quel assommoir!

Voilà où en est le réalisme des fantaisistes.

*
* *

J'ai prononcé le mot *addition*; ne va pas t'aviser de demander la *carte* ou la *note*.

Dans un temps où le nombre fait la loi, où le chiffre est souverain, ou tout le monde additionne, le post-scriptum, la liquidation d'un rêve de deux heures, rêve pantagruélique ou rêve d'amour, doit s'appeler l'addition.

Paie donc l'addition; mais, en recevant la monnaie, compte-la, mon hôte, sans y prendre garde sans avoir l'air de la compter; mais compte-la sérieusement. Car tous les jours on s'aperçoit qu'en prenant seulement les grosses pièces, et en repoussant, par un geste superbe, l'assiette vers le garçon, on laisse, sous la feuille qui porte le total de la dépense, un superflu de la monnaie blanche, qui doit humilier plus tard la délicatesse du garçon, et rendre les comptes de la journée assez inexacts.

Veux-tu l'adresse des cuisines spéciales, des restaurants étrangers? Tu ne viens pas à Paris pour y retrouver la patrie; mais, cependant, si tu as un quart d'heure de nostalgie, tu sauras que, rue Rougemont, on trouve un café restaurant austro-hongrois; qu'au passage des Panoramas, on macaronise à l'italienne; qu'autour de la Madeleine, on peut chercher ou éviter, à son choix, des restaurants quasi-anglais; que dans un coin de la place de l'Opéra-Comique, se cache un restaurant russe; mais à quoi bon?

Faut-il te mettre en garde contre les spécialités qui étaient la coquetterie des viveurs d'il y a quarante ans? Te signaler le *pied de mouton* qu'on vend à la Halle, les *tripes à la mode de Caen* de la rue Montorgueil, le *filet-Maire*, la *carpe au bleu* du café Durand, la *sauce* du café Riche, la *bouillabaisse* de la Maison-d'Or, les *turtle-soup* de Noël, la *caille au gratin* de Bonnefoy, la *côte bordelaise* de Beaurain, etc., etc.?

Ce sont là des affectations, des prétentions, des minauderies, quelquefois des grimaces de Paris.

A Paris, on mange à tout prix; même depuis l'augmentation du beurre. Défie-toi, en général, du prix fixe. Le meilleur marché est le plus cher, même sans compter la note du pharmacien qu'il exige.

Pour cinq francs, seul, tu peux goûter d'une chose

dans un restaurant à prix variables. Pour cinq francs, tu as un mauvais dîner, dont tu laisses la moitié, sinon les trois quarts, sur ton assiette, dans un restaurant à cinq francs.

Tu comprends bien que sur ce chapitre je ne puis nommer personne.

Si par inexactitude de ton banquier, en retard pour l'envoi des fonds; si, par dépravation, par goût, par curiosité, par mortification, tu veux descendre aux restaurants à deux francs, à trente-cinq sous, à trente sous, à vingt-six sous; c'est bien! va sur le radeau de *la Méduse*; tu trouveras ton nègre à manger; mais n'attends pas que je te jette de gaieté de cœur à cet abîme.

Cependant, comme il faut être juste, même envers l'enfer, ne crois pas à la légende atroce des œils de bouillon, faits dans l'eau chaude par un spécialiste qui crache de l'huile dans la soupière.

La preuve que cette sotte histoire est une médisance passée de mode ou une calomnie, c'est qu'on ne trouve plus un seul œil dans les bouillons de cette catégorie. Les borgnes sont devenus aveugles.

Et le bouillon Duval?

Je te l'ai dit, c'est l'omnibus, à cette différence près que, par l'exiguïté des parts, et la nécessité de les multiplier, un dîner de cet omnibus revient plus cher qu'une course à l'heure, dans un landau, et au même prix qu'un petit dîner dans un grand restaurant, avec l'inquiétude d'un appétit mal satisfait, en plus.

Il est vrai qu'on se donne un air modeste ; mais à quoi bon la modestie qui fait hurler le ventre ?

***

Partout où tu mangeras, soumets-toi sans murmure à l'impôt du pourboire. Il est illogique, absurde, exorbitant, vexatoire ; mais il est nécessaire ; tu le dois au sourire de l'accueil, tu lui devras le sourire du départ. Tu paies ainsi la bonne grâce du service, les complaisances, les apparences, non, j'oserai dire les réalités de l'amitié.

Combien ne paierais-tu pas, pour avoir toujours près de toi, à ta portée, un ami qui te serve, qui te découpe, qui t'assaisonne ta vie ; qui prenne soin de ton esprit en prenant soin de ton estomac, qui soit toujours quitte envers toi, et à qui tu ne doives jamais rien ; qui, trouvant toujours son intérêt à t'aimer, ne puisse en trouver un à te haïr ?

Le garçon du restaurant est cet idéal, entrevu, comme toute chose idéale, et quand tu lui donnes un pourboire, tu bois toi-même à l'éternelle espérance d'être toujours choyé, servi, au risque d'être dupé.

Je t'ai dit qu'en cuisine, comme en amour, il fallait avoir confiance : en amour, comme en cuisine, il faut entretenir sa propre confiance par le pourboire.

***

A quelle heure mange-t-on à Paris?

A toute heure.

Un critique, qui a, paraît-il, en matière d'hygiène, comme en matière artistique et littéraire, le fanatisme du pot-au-feu, M. F. Sarcey, voudrait que les théâtres permissent aux estomacs paresseux les lentes digestions, et qu'on ne commençât à nous émouvoir, que quand l'estomac n'a plus de congestion a redouter.

Hélas! il voudrait supprimer les somnolences utiles pendant les expositions du premier acte; il voudrait surtout empêcher la joie du souper, que je recommande, au contraire, comme un dénoûment lyrique, et que je voudrais voir entrer dans les mœurs.

Quel rêve que celui d'aller au spectacle, dans les dernières chaleurs d'une digestion qui s'achève, vers cinq heures, d'en sortir à neuf heures, avec appétit, de se mettre à table en famille, de se coucher la journée bien finie, journée de labeur quotidien, journée de la récréation de l'âme, tous les sens épanouis, avec le sens commun satisfait.

Ne t'inquiète donc jamais, ô voyageur! Quelque division que tu donnes à ton existence dans Paris, tu trouveras, à toute heure du jour ou de la nuit, un foyer qui chauffe pour toi, et un sourire qui veille pour jeter la pastille d'un parfum dans ce brasier de ton dîner.

*_**

Je suis assez heureux, pour joindre à ces renseignements un tableau, en vers, des douze mois de l'année gastronomique.

Je dois cette poésie à un restaurateur... des belles-lettres, qui désire garder l'anonyme.

Son nom te sera révélé plus tard ; car l'auteur prépare une tragédie pour l'Odéon, intitulée : *le Banquet d'Apicius.* Il espère que la pièce sera reçue avec acclamation par M. Duquesnel, après lecture approbative de M. Lapommeraye, à cause d'un grand aquarium qui doit remplir le 3e acte.

Après les chiens de *la Jeunesse de Louis XIV*, le perroquet et les chats des *Danicheff*, les diamants et la poudre aux yeux de *Balsamo*, le second Théâtre-Français, jaloux de dépasser le premier, nous doit un aquarium, ce dernier mot du progrès.

Il est probable que ce morceau de vers inédit sera récité au 4e acte, dans l'acte du festin ; le voici :

*_**

L'ANNÉE GASTRONOMIQUE.

Par le bœuf, en janvier, commencez l'holocauste!
La truffe, en février, attendrit les amours.

En mars, toute marée arrive par la poste.
Avril n'a rien, mais vit de l'espoir des beaux jours.

Le joli mois de mai, c'est l'aurore friande
Des tendres pigeonneaux, des tendres petits pois.
En juin, toute volaille à nous se recommande,
En juillet, le veau pleure et se sent aux abois.

Août, c'est le désert, c'est la soif inutile.
Septembre a le gibier encor rare et chétif.
Octobre est le grand mois de cuisine subtile
Où le mouton rêveur rend le berger pensif.

Novembre est le retour de l'été, pour les âmes
Qui savent que l'on pense ainsi qu'on se nourrit;
Et décembre, aux trépieds, va redoubler les flammes,
Pour le ventre divin, ce vase de l'esprit !

III

PARIS QUI BOIT

Boire sans soif, a dit Beaumarchais, c'est ce qui nous distingue des bêtes.

Beaumarchais ajoutait un autre privilége, dont je parlerai plus tard.

Un Français seul pouvait poser cet axiome, et un Français de Paris, qui sait bien qu'à Paris on boit surtout pour causer, pour rire, et à peine pour boire.

Paris est cependant la ville du monde où l'on boit le plus de choses variées, ordinaires et extra-ordinaires, depuis l'eau des fontaines, comme au temps de Daphnis et de Chloé, jusqu'à l'eau des larmes.

La statistique compte à peu près 25,000 débits de boissons dans Paris, sans compter les confessionnaux, où les pleurs se débitent, assure-t--on.

Selon l'habitude de nos Parlements, qui sont presque toujours des sociétés de dénigrement contre l'esprit, l'honneur et les mœurs du peuple français, on a voté une loi répressive de l'ivresse, pour faire croire au monde que ces 25,000 débits étaient des étables où l'alcool transformait, comme Circé, les électeurs français en compagnons d'Ulysse.

Mais, de toutes nos lois, celle contre l'ivresse est la moins appliquée; les délinquants sont si rares, qu'on soupçonne souvent la police de les inventer.

Paris est, en effet, la ville du monde où l'on rencontre le moins d'ivrognes. Un *pochard*, titubant sur ses jambes, ou vociférant un *évohé*, provoque un attroupement, et il est bien rare qu'il ne dénonce pas la cause spéciale de son ébriété, en criant : Vive l'Empereur !

Mais, à part ces hoquets séditieux et ces dégorgements de mélancolie, les buveurs parisiens perdent rarement l'équilibre. Ils battent des entrechats plutôt que de trébucher; ce n'est pas aux jambes que la griserie les prend; c'est au cerveau et à l'imagination.

Paris ne s'enivre pas; il s'enfièvre; quand la fièvre est un peu trop forte, le buveur se fige lui-même, se raidit et devient comique, à force de dignité.

On ne ramasse donc presque jamais personne sous la table des cafés. Quand, de loin en loin, la police trouve un homme couché sur le trottoir, c'est que le trottoir était glissant, que l'homme avait sommeil ou qu'il a cru à un tremblement de terre.

*
* *

Il t'arrivera donc, mon hôte, de rencontrer quelquefois des Parisiens aimables, aux yeux brillants, aux lèvres agitées par un rire nerveux, aux joues cramoisies ou très-pâles, au geste saccadé, des Parisiens expansifs, persuasifs, dangereux à écouter, car ils ont toute leur séduction, avec un timbre particulier dans la voix, avec un accent spécial qui se gagne au café ou au cabaret. Ce sont les Parisiens *émus*, et doués par cela seul du don d'émouvoir.

Si j'en avais le temps, je te raconterais des prouesses de l'éloquence parlementaire, dues surtout aux inspirations de la buvette.

Le monde artistique est plein de légendes d'artistes qui stimulaient la muse par la boisson, et un de nos plus grands poëtes a laissé, comme buveur d'absinthe émérite, à l'Académie française, une place qui n'a pas encore été occupée.

Lamartine disait un jour à un ami : « Le cabaret ouvre le cœur ! » Il ne s'y trompait pas. Cumulant la fonction de lyrique avec celle de viticulteur, il vendait du bourgogne, mais ne buvait que du bordeaux ; c'était la seule concession qu'il pût faire à la chasteté de l'élégie.

Tu sais peut-être déjà que le duc d'Aumale, dans

sa jeunesse, passant à la tête d'un régiment devant le Clos-Vougeot, fit faire halte à sa troupe et porter les armes, en saluant une des grandes nourrices de l'Esprit français.

***

Suffit-il à un étranger d'apprendre à boire comme un Parisien pour naturaliser son esprit ?

C'est une question que ma qualité d'enfant de Paris m'empêche de résoudre ; seulement, ne t'étonne pas si, dans les cafés, les estaminets, les cabarets, tu vois des Parisiens attablés pendant trois heures devant un seul petit verre, qu'ils ne font pas remplir de nouveau, ayant payé ce prétexte de causer, de lire les journaux, de jouer, en oubliant de boire.

Le jeu, voilà l'alcool dangereux. La police découvre tous les jours, dans les 25,000 débits en question, plus de tripots clandestins que de clubs de buveurs, et ramasse plus de grecs que d'ivrognes.

Regarde l'ouvrier, qui, le matin, avant le travail, entre chez le marchand de vin, et, debout devant le comptoir, vide un verre de vin blanc ! Il ne songe qu'à dissiper les dernières lourdeurs du sommeil ; il aiguise ses sens ; il se met en appétit de gaieté, de travail, de bonne humeur, et il part pour l'atelier, avec son génie national émoustillé !

Que quelques-uns s'y laissent retenir plus qu'il ne convient, et que tout ne soit pas une calomnie dans

le roman de *l'Assommoir*, j'y consens, bien à regret;
mais sois persuadé que le plus grand mal du cabaret,
ce n'est pas ce qu'on y boit, c'est ce qu'on y fait, et
que l'ouvrier parisien est plus joueur, plus hâbleur,
plus cabaleur que buveur !

Ce n'est pas lui qu'on voit attablé toute une journée
devant un broc, humant les lourdes vapeurs du gin,
de la bière, s'enfonçant, avec une taciturnité farouche,
dans l'abrutissement d'une ivresse sans gaieté.

Il est entré au cabaret pour *rigoler* (je te livre ce
mot de l'argot parisien) et la *rigole* du tonneau ouvre
la *rigole* de son esprit.

*
* *

Pourquoi les cabarets se sont-ils multipliés depuis
vingt-cinq ans?

C'est une grosse question qui touche à beaucoup
de choses que tu ne viens pas étudier à Paris.

Quand on ne permettait pas de cercles d'ouvriers;
quand on tolérait à peine des bibliothèques surveil-
lées; quand on éloignait le peuple de tout ce qui
pouvait éclairer et exciter son esprit par la lecture
ou la parole, il n'avait plus que la ressource du
cabaret, et on le lui ouvrait libéralement; sans
compter que, au cabaret et au café, il était facile de
surprendre tout ce qui échappait à la verve du buveur
imprudent.

La table fut dressée et les verres furent emplis au
2 décembre.

Pendant tout l'empire, on s'égosillait tant à chanter,
qu'il fallait bien se rafraîchir. L'orphéon à outrance
donnait la pépie.

Aujourd'hui on veut réagir contre le cabaret par
les conférences, les cercles d'ouvriers, par les représentations, par les concerts, par les réunions de tous
genres. Peut-on déjà constater un progrès?

Je crois que oui.

La meilleure preuve que le Parisien, qui n'a
jamais eu le goût de la boisson pour la boisson elle-
même, spiritualise de plus en plus ses habitudes, c'est
la multiplication des cafés-concerts.

Le peuple de Paris ne va pas d'instinct à l'empoisonnement; il a besoin d'être attiré par la sirène;
il n'est pas difficile sur ce qu'on lui verse, pourvu
qu'on lui chante quelque chose, et que l'échanson,
mâle ou femelle, lui verse des chansons.

Voilà comme on boit aujourd'hui, dans la patrie
de Rabelais, patrie des buveurs précieux.

Voyons comme on prend le moka dans la capitale
de Voltaire.

Le café est la grande horloge de Paris.

Dans *Paul et Virginie* on mesure le temps par
l'ombre des bananiers ou par les feuilles de tamarins.

Ce moyen naïf et exotique est remplacé sur les boulevards par l'infusion plus ou moins directe du soleil ou du gaz dans le verre de bitter, de vermouth ou d'absinthe.

Tu sauras, sans regarder ta montre, quand la bourse est finie, quand les journaux attendent leurs chroniqueurs, et quand les amours commencent leur chronique.

Pour les cafés, comme pour les hôtels et pour les restaurants, je me garderai d'indications précises. Ce n'est, toutefois, blesser personne que de nommer Tortoni, parce que Tortoni est une institution, un monument, une tradition. En dehors de ce nom, qui appartient à l'histoire, tu trouveras peu de différence entre les divers cafés qui versent, chaque soir, des torrents de lumière sur leurs consommateurs.

Choisis un café; et pendant ton séjour à Paris, vas-y régulièrement. Le mieux serait d'avoir à ta disposition, dans ton voisinage, trois lieux de réconfort; un pour le matin, un pour l'avant-dîner, un autre pour le soir. Sans varier la qualité de tes consommations, tu varieras tes impressions; sans compter qu'avec un peu de bonne volonté, dans ces trois centres, tu te seras créé trois amis, en te faisant servir tous les jours par les trois mêmes garçons.

Autant que possible, installe-toi toujours à la même table, assez loin du comptoir, non pas pour fuir les attraits de la dame qui trône derrière l'autel en palissandre, où ton obole sera déposée; car tu sauras que, depuis 1845 environ, on ne fait plus la cour aux dames de café.

Pourquoi? Je n'en sais rien; je constate un fait.

Dans ce temps-là, avant les déluges, il y avait des rivalités de beauté entre les déesses chargées du destin de l'addition. On achalandait un café par la dame du comptoir. Elle supportait qu'on la mît dans un album composé pour les hôtels. Elle donnait un surnom ou un nom à l'établissement.

Aujourd'hui, cette galanterie n'est plus de mode, ainsi que beaucoup d'autres galanteries. On tourne le dos au comptoir, sans s'inquiéter de savoir si c'est Vénus, Junon ou Minerve qui préside, et l'on regarde passer sur le trottoir des ombres qui n'ont rien à démêler avec la mythologie.

***

En te plaçant toujours à la même place, dès le troisième jour, tu auras noué une amitié solide avec le garçon; ta persévérance le flattera; tu l'avais pris au hasard; tu le choisis; il t'adopte.

Dès lors, ne te gêne plus; renseignements, adresses, commissions, tu peux tout lui demander, ou plutôt tu peux tout attendre de lui.

Il connaît son Paris sur le bout des doigts, et tous les Parisiens un peu célèbres sur le bout de la langue.

Apprends son prénom, médite-le, et retiens-le.

Louis est de bon augure; *Adolphe* est forcément aimable; *Auguste* a de la fierté; *Boniface* est serviable; et *Gustave*, depuis que Paul de Kock en a fait un mauvais sujet, est au courant de toutes les histoires galantes.

Appelle donc Louis, Adolphe, Auguste, Boniface ou Gustave, au lieu d'appeler le *garçon*, et tu verras quel sourire sucrera immédiatement ta liqueur; tu auras ta canne déposée en un lieu sûr, ton chapeau à l'endroit le moins périlleux; ton officieux sait d'avance ton opinion politique; il te sert ton journal, il te l'a réservé, il l'a refusé pour toi; au besoin, il l'enlève aux clients.

Tu lui as commandé une fois ce que tu préfères! une fois, cela suffit, tu n'as plus rien à vouloir; il veut pour toi et opère, dans des proportions merveilleuses, que tu n'as plus besoin d'indiquer, ni de surveiller, le mélange du vermouth et du sirop de gomme, du bitter et du curaçao.

Il t'a jaugé aussi, et, discret ou généreux, il te mesure sa liqueur, selon ta capacité, sans te donner jamais le fond de la bouteille.

Si tu écris à ta famille, à ton correspondant, il ne te mesurera pas le papier à lettre, il te comblera d'enveloppes, et, de sa propre salive, caressant de la langue, comme un chien qui lèche, il amollira les

timbres, en se chargeant de porter tes lettres à la
boîte.

Tu peux donner les rendez-vous les plus sérieux,
et les moins solennels, dans le café, en ayant seulement la précaution d'avertir qu'on doit demander
Louis, Adolphe, Auguste, Boniface ou Gustave; il
répondra pour toi.

« M. X.... est désolé, il a été obligé de sortir; il m'a
chargé de dire à monsieur de l'attendre ou de revenir
demain, à pareille heure. »

Cette dernière partie de la commission est souvent
ajoutée; le garçon n'est pas fâché de provoquer une
nouvelle visite à un client; c'est une façon d'augmenter la clientèle.

Ah! mon ami, à part ce léger abus, quel ami
meilleur que moi tu te procures, par une affabi-
lité gratuite et quelques pourboires intelligem-
ment donnés!

*
**

Je t'ai prévenu que *ton* garçon ne lésinait pas sur
la quantité de la consommation.

C'est ici que le dieu Truc apparaît, et qu'il est
prudent de n'être pas attablé trop près du comptoir.

Nos pères, très-fiers de leurs bottes à la Souvarow,
à glands d'or, et qui, en savourant leur café à Tortoni,
avaient soin d'étaler leurs jambes, de dresser leurs
pieds, pour qu'on admirât leurs belles bottes, avaient
inventé une locution de bottier que je trouve horrible:

Tout en se mirant dans leur cirage à l'œuf, ils enjoignaient au garçon de leur verser le café ou le verre d'eau-de-vie, de façon à le faire déborder sur les bottes, et réclamaient *le bain de pieds.*

Le bon goût a proscrit le bain de pieds. Mais le consommateur n'y perd rien, et voici comment le dieu Truc arrange les choses.

Je suppose que tu demandes un verre de chartreuse, Louis, Adolphe, Auguste... etc..., arrive armé de la fiole bénite par le père Garnier ; d'un poignet léger, il te verse un demi-verre, s'arrête et attend respectueusement.

Tu humes avec délicatesse, mais avec une rapidité qui te fait le complice de ton ami, ce premier à-compte ; puis, l'ami verse à nouveau, en remplissant, cette fois, ton verre jusqu'au bord.

Tu as reçu une verre et demi, et l'atroce *bain de pieds* est supprimé.

Ta délicatesse va-t-elle murmurer contre ce dosage abusif ? Rappelle-toi que si tu prends un verre et demi, et que si tu avais la rigidité de n'en prendre qu'un, on te ferait tout de même payer la valeur de trois verres.

D'ailleurs, je t'explique Paris, et la morale n'a rien à voir d'exclusif là dedans.

A tout prix, évite la bière parisienne.

Les analyses chimiques l'ont diffamée ; non qu'elle

soit toujours fabriquée avec du buis; elle contient parfois du houblon, mais si peu!

Tu peux, à tes risques et périls, demander aux établissements anglais, flamands, suisses, viennois, des bières étrangères. Rends cet hommage au pays des grands vins de ne pas lui demander de bière.

Quant à l'absinthe, je te refuse mon conseil.

Si tu détestes cet opium de l'Occident, mon avis serait superflu; si tu l'adores, mon avis serait inutile.

Sache seulement que partout tu trouveras le même breuvage oxydé, dangereux. Choisis, si tu peux, et bois, si tu l'oses.

Le breuvage français par excellence, et parisien par essence, c'est le café.

Quel grand homme que Voltaire, pour avoir aimé le café jusqu'à l'abus! Il y a une solidarité si étroite entre les deux génies, qu'on peut se demander si c'est Voltaire qui a jeté, une fois, la fève de son esprit dans le café éternel, pour qu'il fût éternellement propice à la fécondation des idées, ou si c'est le café qui a été l'huile de ce phare inextinguible.

Le café est à la raison ce que la vapeur est à la mécanique.

Par parenthèse, c'est une abomination de prétendre que madame de Sévigné abhorrait le café, parce qu'elle aimait moins Racine que Corneille.

Je défie qu'on trouve, dans aucune page, dans aucune ligne de ses lettres, le blasphème que des cuistres (La Harpe, je crois) lui ont prêté.

L'honnête et charmante femme redoutait le café, comme elle redoutait l'amour; elle n'en avait pas besoin, mais elle n'a jamais nié sa vertu magique, au contraire.

Voici ce qu'elle a écrit :

« Le chevalier croit que le café l'échauffe, et moi, en même temps, bête comme vous me connaissez, je n'en prends plus. »

Comme il y a loin de cette crainte du feu à une ironie ridicule! Je ne sais si elle trouvait Racine échauffant. La mode en a passé; mais la mode du café augmente.

De tous les pays d'Europe (la Turquie exceptée), c'est la France qui sait le mieux torréfier, moudre et faire infuser le café. Nos établissements publics, même avec ce café tourmenté par un bain-marie continuel, versent un nectar, quand on compare l'infusion française aux pâles et épais brouets de l'Allemagne.

Deux mesures sont en honneur dans les cafés : la demi-tasse servie dans la porcelaine, le *mazagran* servi dans un verre.

On te dira, dans les vocabulaires à la portée des étrangers, que le mot *mazagran* s'applique au café froid; c'est une erreur, comme celle de s'imaginer que le verre tient plus que la tasse. Le dieu Truc souffle, tout exprès, des verres si épais, qu'il n'y tiendra bientôt plus qu'une cuillerée.

⁎

T'es-tu demandé, noble étranger, si tu es déjà venu en France, pourquoi ce pays, qui imite très-mal la bière, qui fabrique médiocrement l'absinthe, qui falsifie le vermouth, ne s'avise pas de servir surtout à ses hôtes ce que ceux-ci lui envient, ce qu'il a de meilleur, c'est-à-dire le vin?

C'est la boisson française, exquise, réconfortante, égayant l'esprit, rafraîchissant la lèvre et le cœur, sans la saveur plate du vermouth, sans l'âpreté de l'eau-de-vie, sans la viscosité huileuse de l'absinthe!

Elle n'affole pas le cerveau; elle n'irrite pas le palais. Elle donne l'énergie, le repos, et quand elle grise, elle procure une ivresse sans fureur et des lendemains d'ivresse sans malaise.

Mais, en France, il est défendu aux gens de bon ton de boire du vin, au dehors.

Qu'ils s'empoisonnent avec l'absinthe et la bière, à la bonne heure! Mais le vin? fi donc! ce serait du chauvinisme; il n'en faut pas.

Ah! mon ami, si tu deviens notre ami, rends, pour ta part, un grand service à la France, en familiarisant l'usage du vin, au lieu de l'usage des toxiques à la mode.

Dans tous les cafés de Paris, on peut servir une demi-bouteille de bordeaux. Cela fera scandale; c'est une chance pour que cela fasse école.

Bois du vin, du bon vin ; nous en avons dans nos caves. Tu nous aimeras mieux et tu te porteras mieux. Après ton départ, l'usage sera pris ; on voudra faire comme les étrangers, et tu nous auras largement payé ton hospitalité par un bienfait.

Le vin, c'est la richesse, la splendeur, le gaz éblouissant de la vie parisienne ; l'absinthe est le pétrole néfaste.

Pourquoi avons-nous cette honte ridicule de n'oser boire dehors ce que nous avons de meilleur, et en plus grande quantité, ce dont nous sommes fiers chez nous ?

Le vin a ses palais à Bercy, à l'entrepôt. Va l'adorer dans ces colossales hypogées, où son génie dort enfermé et attend qu'on ouvre une issue à son âme. Tu seras étonné qu'un si grand et si magnifique dieu n'ait que des reposoirs et soit exilé des temples.

Aller chez les *marchands de vins ?* quelle horreur ! Mais si le vin allait dans les cafés dorés ; s'il répandait ses escarboucles dans un cristal taillé, élégant, est-ce qu'on le mépriserait toujours ?

Il a fallu qu'un Anglais, un grand cœur, un grand esprit, sir Richard Wallace, eût un jour l'audacieuse inspiration de dire au peuple de Paris : — Bois de l'eau ! — pour que le Parisien se décidât à boire de l'eau excellente, à sa portée, qui fait du tort à l'Assommoir et du bien à l'atelier.

Aujourd'hui, pendant l'été, la fraternité du gobelet est devenue banale.

Sois le Richard Wallace du vin ! le vin est aussi bon que l'eau ; d'ailleurs, si tu es membre d'une société de tempérance, sois tranquille, l'eau s'y trouve toujours.

IV

PARIS EN VOITURE

A Paris, sur le trottoir, tous les hommes sont
égaux. La cravate blanche les nivelle également dans
un salon : l'homme d'État, en habit noir, n'est séparé
du domestique en habit noir, que par la largeur
d'un plat ou d'un plateau.

Mais, quoi que tu fasses, noble étranger qui pié-
tines ou qui te morfonds sur l'asphalte, par un grand
soleil ou par une averse, tu n'es plus l'égal, pendant que tu sues ou que tu te mouilles, de l'homme
qui te poudroie ou qui t'éclabousse des roues de son
coupé, de sa victoria ou de son landau.

Tu ne peux t'imaginer ce qui gronde de haine
farouche, sociale, dans le piéton, un jour de courses
au bois de Boulogne, ou de pluie sur le boulevard,
quand il voit passer une voiture de maître vide, ou
même à peine occupée. Tu ne peux comprendre les

fureurs de l'assaut livré à une voiture de place qui, par hasard, se vide.

On a vu des cartes échangées entre des compétiteurs fiévreux ; on est, dans certains cas, plus sensible à l'enlèvement d'une voiture qu'à celui d'une maîtresse.

C'est alors, ô philosophe, qu'on trouve un sens symbolique aux vieilles barricades du Paris révolutionnaire, qui commençaient toutes par le renversement d'une voiture.

Mercier, ce bon bourgeois humoriste qui, le premier, écrivit le Vrai Guide sentimental du Parisien, s'irritait, il y a bientôt cent ans, de ce que les voitures étaient presque exclusivement réservées aux imbéciles, ou tout au moins aux privilégiés du rang, de la fortune. « Il y a peut-être de l'esprit dans les voitures, disait-il, mais le génie va à pied. »

Aujourd'hui, on se trouve un peu niais (personne ne s'avouerait imbécile) d'être obligé d'aller à pied. On estime comme un homme de beaucoup d'esprit celui qui a conquis l'avantage permanent d'une voiture, et Victor Hugo a prouvé dernièrement, par une gratification de millionnaire, que le génie maintenant va en *omnibus*.

Les princesses y montaient autrefois. On cite la plaisanterie de la duchesse de Berry, qui voulut se donner un jour le plaisir d'y être pincée incognito.

Je ne te garantis pas le voisinage d'une princesse dans l'omnibus, que tu prendras à Paris ; bien que les princesses et que les chiffons avec lesquels on les fabrique ne soient pas rares dans Paris, c'est-à-dire les princesses d'exportation ; mais, dès qu'elles ont quitté la loge de leur maman, la princesse douairière au grand cordon, ces princesses sautent tout de suite, sans transition, dans un équipage de maître, et dédaignent le long chariot inventé par Pascal. L'auteur des *Provinciales* n'a pas créé l'omnibus pour les Parisiennes.

*
* *

Je n'ai pas de bien grands conseils à te donner, mon hôte, relativement aux omnibus.

Évite-les, pour n'y pas monter, comme tu les éviteras pour n'en être point écrasé. Tu y déformerais ton chapeau, ton odorat et peut-être tes principes.

Si une nécessité t'oblige à cet hommage actif envers Pascal, défie-toi de tes voisins, et surtout de tes voisines. Un romancier sensualiste t'expliquerait comment les genoux ont une électricité dangereuse, les coudes une télégraphie incendiaire, et les hanches des colloques à donner le vertige. Ne pousse pas cependant la fatuité jusqu'à croire qu'une main timide se glissant vers toi, te vise au cœur ; elle vise ton porte-monnaie : prends garde aux *pick-pockets* des deux sexes.

*
* *

Si tu es un observateur, t'observant bien toi-même, va t'asseoir dans le fond de la voiture, pour n'avoir

pas à transmettre le prix des places des autres voyageurs ; regarde, et tu souriras des types variés, des
originaux et des caricatures que le hasard rassem-
ble. Depuis le professeur mâle ou femelle qui se rend
à ses leçons, jusqu'au bourgeois qui flâne assis, et
à la cuisinière allant à la halle ou en revenant, tu
retrouves, dans cette voiture, construite comme l'am-
bulance d'un montreur de figures de cire, le musée
vivant d'un monde qu'on ne décrit plus ; c'est le
prologue en action d'un roman de Paul de Kock.

En omnibus, et c'est là le signe de son infériorité, tu es dispensé du pourboire ; il est insolite et
imprudent. Quelques vieilles dames qui se trouvent
par hasard en omnibus, le vendredi, et qui veulent
désarmer le destin, glissent bien une pièce de cinq
ou de dix centimes selon leur superstition, dans la
main du conducteur, en descendant ; mais ce sont
là des prodigalités de dévotes.

Ne t'attends pas à de grandes aventures. Elles
sont rares partout ; elles sont presque impossibles
dans ce véhicule de la banalité.

Il n'arrive pas souvent qu'on soit témoin de ce
phénomène d'une Parisienne donnant naissance à un
jeune voyageur, que le conducteur s'empresse de
marquer sur le cadran. Ce n'est guère arrivé que
deux ou trois fois, et le fait de la sonnerie attribué
au conducteur est invraisemblable, puisque les enfants
si jeunes ne paient pas même demi-place.

Sais-tu descendre d'un omnibus ? Ne te fie pas à
ton agilité, et si la manœuvre de descendre à recu-

lons, en posant d'abord le pied gauche à terre et en lâchant les mains, ne t'est pas trop familière, ne la tente pas. Fais arrêter la voiture; c'est trivial, mais prudent.

Si tu as du jarret, le besoin de l'air, le dégoût des odeurs composites, et l'amour des panoramas mouvants, monte sur l'impériale.

Pourquoi cette terrasse des omnibus, comme autrefois le dôme des diligences, s'appelle-t-elle l'impériale?

M. Littré assure que c'est à cause de la position élevée du voyageur. Je crois que c'est à cause des dangers plus sérieux de vertige et de chute. Tomber d'une impériale sans se casser les reins est aussi invraisemblable que de tomber de l'Empire sans se casser le cou.

Dans quelques années l'omnibus aura disparu partout devant le tramway. Ce que je t'ai dit de l'omnibus s'applique au tramway.

La voiture de place, de remise, le fiacre, le coupé, la victoria, le nouveau cab, le landau sont les moyens variés, mis par le progrès de la spéculation, ou la spéculation du progrès, à la disposition du voyageur qui dédaigne l'omnibus.

Il y en a pour tous les goûts, non pour toutes les bourses, et les antiques épigrammes, sur les chars numérotés, sur les haridelles, ne sont plus autant de mise.

On rencontre encore des fiacres sonnant la ferraille, crasseux, huileux, avec des lanternes éborgnées, raccommodées par du papier ; mais ils sont rares, et depuis qu'on liquide leur pension de retraite à la boucherie, les chevaux ne sont plus écorchés vifs à coups de fouet, sous les yeux du voyageur.

Le plus grand inconvénient des voitures, ce n'est donc plus le cheval ou le véhicule; c'est le cocher. Mets donc plus de soin à choisir le bipède que le quadrupède. Je vais te donner quelques indications.

Autrefois, au temps fabuleux des cabriolets, le cocher était un ami forcé; on se serrait à ses côtés; il vous communiquait de sa chaleur, de sa moiteur, partageant avec vous son lambeau de tapis, qu'il étalait ensuite sur la roue, quand vous descendiez; il faisait passer décemment sa chique, du côté gauche où vous vous placiez, au côté droit de sa bouche; il avait une façon d'exciter son cheval par un trille particulier, dont la tradition est à jamais perdue, et quand la voiture se mettait en branle, pendant que vous étiez balancé par les grands ressorts à calèches, et que le grelot du cheval rhythmait son trot indolent, le cocher entamait une conversation, toujours intéressante, souvent instructive.

Lis un des chefs-d'œuvre d'Alexandre Dumas sur ce sujet: *Le cocher de cabriolet.*

Aujourd'hui, ce duo est devenu impossible, du moins bien difficile. Il n'est vraisemblable qu'avec une victoria. On cause un peu aux haltes, à l'arrivée, au départ; c'est à peine une ébauche de relation, mais ne la néglige pas pourtant. Les cochers sont souvent des décavés de tous les mondes.

Ce cocher, rougeaud, réjoui, qui lit des journaux libres penseurs, qui lance des coups de fouet galants à certaines jupes effleurant les roues, qui trouve toujours le moyen de te prouver qu'il sait correctement le français, et même un peu le latin, qui salue les églises avec un air d'ironie, et les marchands de vin avec un air de soumission, est probablement un jeune curé de village, qui s'était trompé sur sa vocation, et que son évêque, croyant le punir, a rendu à ses instincts naturels, après une plainte de mari ou sur la dénonciation d'une trop vieille dévote.

Fils de cultivateur, il avait mené des chevaux à l'abreuvoir avant de mener les âmes à confesse.

Quand tu voudras te faire conduire par un prêtre interdit, exprime seulement ton désir à une station bien garnie; les cochers l'appelleront aussitôt :

— Eh ! l'abbé, voilà un paroissien.

Tu as grande chance d'être bien conduit, et si ton cocher te verse ou te tue, il peut te confesser *in extremis.*

Outre les malheureux que la discipline ecclésiastique contraint à ce métier, on compte, parmi les cochers (au dire de M. Ducoux, directeur de la Compagnie des Petites-Voitures, en 1867), des bacheliers ès lettres et ès sciences, quelques vieux notaires, pas mal d'huissiers, d'anciens professeurs, des ingénieurs, et jusqu'à des fils d'ambassadeurs !

Ces déclassés (hors le curé interdit rentré dans sa classe) sont hargneux, irascibles, chicaniers ; si tu

pressens leur ancien état, prends leur numéro, vérifie l'heure comptée, songe au tarif, et ne te laisse
pas intimider.

Si le hasard te fait tomber aux mains d'un cocher
père de famille, qui te raconte la naissance de ses
onze enfants, qui t'exprime le regret qu'on ne donne
plus, comme au temps de l'Empire, car il croit à
cette légende, une pension aux épouses fécondes,
abrége tes courses; car ces confidences, faites avec
lenteur, alanguissent la marche et t'obligent à un
pourboire de père de famille ou de célibataire
contrit que don Juan lui-même donnerait au nom de
l'humanité.

Méfie-toi du cocher pieux, qui fait le signe de la
croix au passage des enterrements, et qui ne demande
pas mieux que de t'avouer qu'il remplit ses devoirs
de bon chrétien! Il est capable, pour le salut de
ton âme, de t'égarer, après minuit, aux alentours
des fortifications, en t'exposant à toutes sortes de
tragédies.

Ne redoute pas le cocher qui a la mine fleurie,
et, s'il est ivre, abandonne-toi avec confiance.

Ce n'est pas un paradoxe; tu es certain d'aller
vite; le dieu des ivrognes tient le fouet et la
bride.

Méprise le cocher farceur; il te tend des piéges.
Ne sois pas cependant trop discret et médite cette
anecdote, parfaitement authentique:

Un avocat, qui ne pouvait entretenir une de ses
clientes que dans le tête-à-tête d'un fiacre, avise une

voiture, l'arrête, et lui prescrit une marche à l'heure, digne des rois fainéants.

— Ah! monsieur, dit le cocher, avec le sourire qu'aurait pris Mercure pour introduire Mars chez Vénus, c'est que mes chevaux sont bien fatigués. Si monsieur le voulait, je ne bougerais pas!...

L'avocat monta dans la voiture, ravi de ce trait d'éloquence qui l'inspira.

Tous les cochers n'ont pas un pareil esprit, mais tous ont plus ou moins l'esprit du métier.

***

Il va sans dire que, si tu prends une voiture à l'heure, tu as plus de chances de dégager les bons instincts du cocher, que si tu le prends à la course. Quand tu lui appartiens, pendant soixante minutes au moins, tu es son hôte; il te choie, te couve, t'offre des allumettes pour rallumer vingt fois ton cigare; t'informe des adresses que tu cherches, t'indique les monuments que tu peux ignorer, te portera volontiers à la descente de la voiture, et si tu l'as gardé pendant trois heures, si tu lui as promis un bon pourboire, il fait claquer son fouet, comme s'il annonçait aux populations l'entrée du marquis de Carabas.

***

Le pourboire ! C'est l'éternel refrain ; c'est le fond de la langue parisienne, comme du temps de Figaro *Goddam* était le fond de la langue anglaise. Ne crains pas de donner, de promettre, de montrer, de laisser transsuder de ton porte-monnaie avant l'heure, le bienheureux pourboire ! C'est l'avoine des cochers, que tu peux arroser d'un verre de bière, quand il t'arrive de stationner ou de descendre devant un café.

Avec un cocher qui a la perspective d'un pourboire, nul obstacle ! ne crains plus les montées trop rapides ! Tu graviras au trot la rue des Martyrs, comme si l'ange qu'on attend au sommet de la butte Montmartre, pour édifier l'église du Sacré-Cœur, mettait ses deux ailes aux flancs de ton cheval.

Tu n'as plus à redouter les accès de soif de l'attelage. Tout voyageur dont le cocher s'arrête aux stations, pour faire boire ses chevaux, est mis au pilori, et désigné, par ce fait seul, au mépris et à la haine des cochers.

Ajoute à tous les miracles que te garantit ta libéralité une politesse sans pareille. Ton cocher, s'il heurte une autre voiture, s'il est heurté par elle, s'il casse un brancard, t'épargnera ces altercations violentes, hurlantes, qui agrandissent tous les jours le domaine de l'argot, et qui dépassent tout ce que l'éloquence parlementaire peut laisser d'invectives à la disposition de la rue.

On s'est demandé souvent pourquoi les cochers aimaient tant l'échange des injures.

Il paraît que le claquement de la langue est une augmentation fatale du claquement du fouet; par contre, ceux qui, par vocation ou par ambition, ont l'habitude de jouer du gosier, aiment à faire claquer leur fouet, et certains orateurs, qu'il est inutile de te faire connaître, dont le chariot s'est embourbé, après la déconfiture du 16 mai 1877, n'auraient rien à envier aux cochers de fiacre, comme injures, argot et vocabulaire poissard.

Je ne sais pas si de gros pourboires feraient taire les insulteurs qui veulent accrocher et décrocher le char de l'État; on le dit; mais le budget n'y suffirait pas.

Quant aux cochers plus modestes de la rue, je t'affirme qu'ils se contenteront de hausser les épaules devant les provocations, de te sourire, quand on les insulte, si tu leur achètes leur fierté, leur irritabilité par un bon pourboire.

A quels signes distingue-t-on le cocher fidèle, de celui qui ne l'est pas? Le signalement donné par les enseignes de marchands de vin, pour la première catégorie, ne suffit pas.

Je te répondrais volontiers comme Joseph Prudhomme. Si tu laisses un sac de mille francs dans ta voiture, ou un portefeuille garni de billets de banque, et si ton cocher te rapporte ou dépose au bureau spécial le sac ou le portefeuille, tu reconnaîtras qu'il est fidèle.

Je sais bien que cette preuve est coûteuse; mais c'est la seule qui soit infaillible.

En te recommandant d'être bon, juste et libéral, je ne te conseille pas d'être dupe; mets-toi donc en garde contre les tours ordinaires des cochers.

Ne crois pas que la voiture de celui-là soit retenue, parce qu'il a déposé dedans un soi-disant petit paquet, oublié par son voyageur. Il se ménage de choisir ses clients.

Si tu ne trouves plus celui-ci à la porte où tu lui avais recommandé de t'attendre, à la fin d'une visite ou d'une soirée, et s'il vient le lendemain réclamer seize heures de courses, ne te laisse pas intimider; envoie-le porter ses réclamations à la police.

Ne subis aucune augmentation de tarif. Promets-la, si on l'exige, avant de te laisser monter, et règle ensuite, avec ton cocher, devant un sergent de ville; cette petite tactique est fort en usage depuis quelque temps.

Ne crains pas surtout que ton cocher, mis à pied par ta dénonciation, te brûle la cervelle.

Ce désagrément est arrivé une fois. Collignon a été guillotiné. Sa mémoire est secrètement vénérée, comme celle d'un martyr; mais il y a si peu de religion, même parmi les cochers de fiacre, que ce culte secret ne provoque pas de fanatisme.

En définitive, ô mon hôte, conduis-toi envers ton cocher comme tu veux qu'il te conduise. Sois poli sans faiblesse, net dans tes ordres sans raideur, généreux sans faste, simple sans familiarité, avec un homme qui va te dominer du haut de son siége, en te permettant d'éclabousser et d'écraser au moral quelques contemporains.

Chateaubriand, qui se croyait le plus grand génie, et qui est resté le plus grand orgueil de la génération, a dit quelque part : « Quand on partage les souffrances du pauvre, on a le sentiment de l'égalité sociale; on n'est pas plutôt monté en voiture que l'on méprise les gens à pied. »

Cette joie de mépriser les piétons est une des voluptés de Paris. Sache en jouir, et rappelle-toi cet autre mot d'un petit moraliste de ces temps derniers, M. Petit-Senn, je crois :

« On salue plus volontiers une connaissance en voiture qu'un ami à pied. »

Les gens qui ne te connaissent pas voudront te connaître et te saluer, si tu choisis bien ta voiture et ton cocher.

V

PARIS A PIED

Flâner dans Paris, c'est se promener dans un livre dont les feuillets sont vivants, et dont chaque ligne est un geste. On lit ce qu'on veut; on n'a même pas besoin de lire : les faits, les idées, les sensations vous enveloppent et vous pénètrent au passage.

On est tout surpris, en rentrant chez soi, et en résumant sa promenade, de se souvenir qu'on n'a rencontré personne de connaissance; qu'on ne s'est attablé à aucun café; qu'on ne s'est arrêté devant aucun spectacle en plein vent; qu'on n'a vu passer, ni le président de la République, ni un bel enterrement, et que cependant, on revient, après quatre ou cinq heures d'absence, la tête pleine, le cœur gai, les membres plutôt éprouvés que rompus par une fatigue qui est le bienfait d'une gymnastique, en appétit de boire, de manger et surtout de causer!

Montaigne, qui fut un flâneur à travers les vérités, a écrit sur Paris :

« Paris a mon cœur dès mon enfance; et m'en est advenu comme des choses excellentes ; plus j'ay veu depuis d'aultres villes belles, plus la beauté de celle-ci peult et gaigne toute mon affection; je l'aime tendrement jusques à ses verrues et taches. »

Les verrues de Paris sont ses grains de beauté, et ses taches font travailler en imagination tous les dégraisseurs de l'univers.

Sans doute, M. Haussmann qui fut un pédicure et un manicure de valeur, a essayé d'extirper bien des verrues et des cors; il a coupé, rogné, gratté tout à son aise; on l'a imité depuis. On fait, en ce moment, les ongles de Paris, et on essaie de les rendre roses ; mais Paris aura toujours un pittoresque indélébile, et quoi qu'on fasse, le géant regagnera des verrues sur sa peau neuve.

Paris n'est pas seulement la ville la plus aimablement active, et la plus harmonieusement bruyante de l'Europe ; elle est aussi la ville où la solitude est le plus facile et le plus absolue.

Ceci n'est point un paradoxe. Montaigne, qu'on trouve à tous les horizons du bon sens, a encore dit excellemment :

« Tant que Paris durera, je n'auray faulte de retraicte où rendre mes abors; suffisante à me faire regret de oute autre retraicte. »

En effet, c'est à Paris que le sage observe et se recueille le plus utilement et le plus facilement. C'est à Paris qu'on respecte le plus l'observation, le recueillement.

Un philosophe en province, c'est un condamné dans sa cellule. Un philosophe à Paris, c'est un guetteur dans une tour ouverte; personne ne le dérange; il ne dérange personne. Le flot passe, bat son mur. Quand il lui plaît de descendre, il se plonge dans la foule, y prend un bain d'infini, s'y retrempe et en sort aussi libre et plus dispos que quand il y est entré.

Paris est légion pour le progrès humain, et Paris est un ami solitaire pour le progrès d'une conscience individuelle.

Dans toutes les capitales du monde, l'ennui pleut, à certaines heures, par la faute de l'atmosphère; à Paris, on ne s'ennuie que par sa faute.

Paris n'est boudé que par les gens ennuyeux. L'Assemblée de Versailles l'a prouvé, en choisissant la ville la plus triste de la France pour sa capitale parlementaire, afin de ne pas courir le risque de s'émoustiller et de penser dans Paris.

Mais, si tu avais le temps, mon hôte, d'écouter les confidences de ceux qui regrettaient de ne pouvoir raser Paris, sans avoir la prétention de planter du sel sur son emplacement, tu rirais bien des apartés par lesquels ils soulignent leurs anathèmes. Ceux qui montraient le plus d'appétit pour l'herbe qui déchausse les pavés de Versailles se gardaient bien de brouter ailleurs que dans les cabinets des restaurants parisiens.

Compare le livre des adresses des députés français, en l'année 1878, au livre de l'année 1874, et tu verras combien peu de ces fidèles champions du bâillement sont restés fidèles, sous ce rapport, à la malice qu'ils ont déposée dans la Constitution.

C'est à croire qu'ils ont choisi Versailles pour leurs débats, afin de mieux dissimuler le théâtre de leurs ébats.

Il en est de la flânerie comme de la table; il faut savoir flâner comme on doit savoir manger; un peu d'esprit est nécessaire, et un peu de méthode.

Tu as de l'esprit, mon hôte, puisque tu veux t'acclimater dans la capitale de l'esprit. Reçois et grave dans ta mémoire les commandements du bon flâneur parisien, mis en vers par un rival de MM. Belmontet, Doncieux et Stephen Liégeard; la rime n'est pas riche, mais le conseil est bon.

LES COMMANDEMENTS DE LA FLANERIE PARISIENNE.

I

Sortir, sans aucun parti pris,
A pied surtout plus qu'en voiture;
Flâner dans Paris, pour Paris,
Et s'en aller à l'aventure;

II

Ne jamais quitter le trottoir;
Frôler, en marchant, les boutiques;
S'arrêter à tout reposoir
Où le dieu *Truc* a ses reliques;

III

Se garer de tout accident;
J'entends par là celui des autres.
Ne se mêler que prudemment
Aux choses qui ne sont pas vôtres.

IV

Autant qu'on peut s'en dispenser,
Ne traverser nulle querelle,
Et laisser entre eux se rosser
Madame et monsieur Sganarelle.

V

Ne pas demeurer absorbé
Dans le froufrou d'une colombe!...
Relever un cheval tombé,
Plutôt qu'une femme qui tombe;

VI

Car le cheval est innocent
Du faux pas qu'il fait sur l'asphalte...
Souvent la femme rend glissant
Le macadam où tu fais halte!

VII

Ne marcher sur aucun talon,
Sur aucune traîne de robe...
S'excuser poliment, selon
Que la victime se dérobe...

VIII

Aller sans but, la canne en main,
Cigare aux dents, qui s'évapore...
Ne pas demander son chemin...
Humer Paris par chaque pore.

IX

S'amuser des amusements
Que chaque rue offre et varie...
Tels sont les vrais commandements
De toute bonne flânerie.

****

Comme tu le vois, mon hôte, ce n'est pas de la poésie de premier ordre ; mais les commandements de l'Église ne sont pas en meilleur style, et pourtant M. Louis Veuillot, qui fait des vers, les trouve délicieux comme sa poésie.

Dans quels quartiers flâne-t-on de préférence?

On flâne partout; mais le *boulevard* est l'académie des flâneurs.

Le mot Académie n'est pas trop fort; car je crois que le boulevard donne un privilége d'immortalité, au moins viagère, plus garanti que celui de l'Institut!

Qui reconnaîtrait, dans la rue, des académiciens comme MM. Rousset, Caro, Boissier, Marmier, Saint-René Taillandier et quelques autres, parmi les quarante? Mais un Parisien reconnaît tout de suite un simple habitué du boulevard, et a pris l'habitude de le reconnaître depuis si longtemps, qu'il le croit et se croit volontiers centenaire.

De la Madeleine à la chaussée d'Antin, c'est le Paris cosmopolite international. Les Parisiens sont mêlés aux étrangers. Les magasins eux-mêmes ont l'air élégant et banal des magasins des autres capitales ; les enseignes sont, çà et là, en anglais, en russe ; les cafés sont américains, napolitains ; pas un ne se vante, sous cette latitude, d'être parisien.

Sur ce boulevard élégant, tu flâneras, comme un personnage de tragédie dans un portique, avant le palais. L'autel, le sanctuaire, le foyer de Paris est plus loin.

Entre la Madeleine, qui est le temple de la gloire repentie, et l'Opéra, qui est l'église du second empire, rien ne parle du passé, rien n'inquiète sur l'avenir. C'est le Paris égoïste et présent, neuf, banal, officiel.

C'est dans ces parages qu'on a placé le grand bureau des meilleurs cigares, le Jockey-Club, le Grand-Hôtel, toutes les choses de la vie en dehors, de la vie mondaine. Le Vaudeville, théâtre de genre, et le pavillon de Hanovre où étincelle l'argenterie de Christofle, marquent la frontière où finit le grand luxe, la grande morgue, la grande vanité, où commence le luxe économique.

De la Chaussée d'Antin au boulevard Poissonnière, tu es dans les tirés du vrai gibier parisien. Regarde, aspire, renifle l'esprit qui passe ; absorbe les échos

de la Bourse ; fais-toi une opinion littéraire, financière, politique, au moins pour la durée de ton séjour.
Sur trois passants, l'un est un journaliste, l'autre
un artiste, le troisième est peut-être un écrivain
célèbre ou un boursier.

De temps en temps, on voit des hommes jeunes,
affairés, traverser la chaussée comme des voleurs
qui fuient ou qui s'apprennent à fuir; ce sont des
commis d'agent de change, des employés de commerce qui, dans leurs courses obligées, font un
détour pour passer par là, essayant d'entraîner un
peu de la lumière, du bruit intelligent, de la fanfare d'idées de ce milieu vibrant, à travers lequel
ils passent, comme autrefois les chevaux libres de
Franconi qui sautaient à travers un feu d'artifice.

Balzac prétendait que le préfet de police devait
interdire aux pauvres de passer par là ; il redoutait
l'envie et les haines qu'engendre l'envie.

Balzac avait tort. Les décavés se sentent moins
pauvres, dans ce milieu indulgent, où toute richesse
est acquise par le travail, l'industrie ; à moins que
la richesse ne soit un trompe-l'œil qui ne trompe
personne.

Les gens las de la vie coudoient par là tant de
volontés actives qu'ils reprennent courage.

C'est le boulevard où l'on sait le plus vite les
nouvelles vraies, où l'on exploite le mieux les nouvelles fausses. La petite Bourse s'y tient le soir. La
police l'y traque sans succès, ne voulant pas suppor-
ter un encombrement d'illusions.

La légèreté de l'esprit, la vivacité de l'à-propos, est symbolisée par le théâtre des Variétés; comme le boulevard plus bourgeois qui suit a son expression dans le Gymnase.

Les cafés, meilleurs (non sous le rapport de la consommation, mais sous celui des consommateurs) sont groupés sur un côté.

Les cafés politiques se nomment Mazarin, Madrid et Garen; le café de Suède est un café de coteries, de petits cercles, dont chaque table est le centre. C'est là le domaine des journalistes. Ces cafés, qui avoisinent la rue Montmartre et qui sont tournés vers la Bourse, ont aussi un vague reflet de la vie industrielle qui va commencer plus loin. Les marchands de diamants s'y montrent à l'entre-sol, comme les galets de cette plage où l'écume dépose tous les soirs l'Astarté parisienne.

Du boulevard Poissonnière au Château-d'Eau la flânerie décroît, la circulation augmente; on se promène moins, on marche davantage. Du côté gauche, on heurte tous les commis, tous les employés des maisons de commission, des rues d'Enghien, de l'Échiquier, des Petites-Écuries. Du côté droit, les rues des Jeûneurs, du Sentier, les grandes artères de la vie industrielle dégorgent leur sang et la fumée de leur santé.

Salue, mon hôte! C'est le Paris de la France moderne, le Paris du vrai tiers état; on y referait le serment du jeu de paume. En attendant, on y fait la fortune de la France. C'est là que les millions ont le plus de modestie, et pourtant le plus d'indépendance, le plus de véritable gloire et le moins de gloriole. C'est le Paris du grand négoce, du libéralisme militant, des mœurs et des idées saines. Les cafés n'y sont point tapageurs; le bruit des dominos en rhythme le silence, et l'heure de l'absinthe y est inconnue.

La maison Sallandrouze, balafrée au 2 décembre comme une institution bourgeoise; la maison Barbedienne, où le grand art se vulgarise, sans vulgariser assez ses prix; le bazar de la Ménagère, où la petite bourgeoisie se meuble; telles sont les dunes qui marquent la fin du Paris élégant, viveur, avant l'océan du Paris travailleur.

Les boulevards Saint-Denis, Saint-Martin sont dévolus aux acteurs. On y trouve des marchands de coco qui semblent les figurants d'une pièce sortie du répertoire. On y coupe encore pour les Parisiens une galette, au moins nonagénaire. Faubourg Saint-Denis, les rôtisseries du bon vieux temps (celles de Fournier entre autres) lancent des lueurs qui chaussent de bas rouges les héros court-vêtus de l'Arc de triomphe de Louis XIV.

Voici le théâtre de la Porte-Saint-Martin restauré,

---

mais gardant ses souvenirs. C'est là que la Révolution française a fait la répétition de sa première émeute, le jour du renvoi de Necker ; c'est là que les grandes premières représentations de la révolution romantique ont été données. Salue et passe.

Cherche à côté une petite porte ; c'est là que Paul de Kock, ce Parisien fieffé, vécut si longtemps. Pourquoi aucune inscription ne rappelle-t-elle la maison de ce romancier gaulois, qui écrivait souvent comme Vadé, mais qui voyait parfois comme Molière ?

Arrête-toi à l'Ambigu.

Paris, pour un flâneur ordinaire, finit là. Au delà du vaste désert du Château-d'Eau, défendu par des lions du Sahara, moins altérés que désaltérants, commence le Paris, extérieurement tranquille, *le Marais*, le calme, la routine monotone. Aux *Folies-Dramatiques* s'éteint l'avant-dernier sourire. Le dernier meurt au *Troisième Théâtre Français*, cette urne vide de la cendre évaporée de Déjazet.

Le reste, jusqu'à la Bastille, appartient à la curiosité sociale ou historique ; mais le touriste n'est plus un flâneur, c'est un chercheur ; il est sur l'avenue des grands ateliers et de la grande nécropole, du faubourg Saint-Antoine et du Père-La-Chaise. La colonne de Juillet est la colonne d'Hercule. Au delà, il n'y a plus que les bêtes du Jardin des Plantes.

***

Les quais ont leurs grands panoramas; mais ils exigent une âme sérieuse, une rêverie sévère. Ce n'est plus le Paris de la gaieté, de l'ironie, du plaisir, de l'amour, ni même du travail.

C'est le Paris des tristesses éternelles; depuis l'Hôtel-de-Ville dont on répare les ruines, la Morgue entrevue, l'Hôtel-Dieu qu'on voit trop, Notre-Dame qu'on devrait mieux voir, le tribunal de commerce où l'on déclare les faillites, les deux théâtres en face où on les fait, le Palais de justice où l'on juge, la Conciergerie où l'on expie, la Préfecture de police qui se rajeunit sans s'embellir, jusqu'au Louvre très-grave, les Tuileries très-mornes et l'Institut très-laid.

Pourtant, au milieu de ce décor solennel, passe un grand souffle qui emporte les miasmes de Paris, le long du fleuve obscur, vers les hauteurs du Trocadero, et les brûle au soleil du génie français.

Si tu veux te donner un jour de grande méditation; va le long des quais.

Ne t'arrête pas trop aux étalages des bouquinistes; ils sont rares, et les livres rares y deviennent introuvables.

***

Tous les Guides t'engageront à visiter le jardin et les galeries du Palais-Royal.

Il est également très-convenable de se promener aux Tuileries. Il est de meilleur ton d'aller aux Champs-Élysées, pour tourner le dos aux promeneurs et s'asseoir de façon à ne perdre aucune physionomie des chevaux qui passent.

***

Les musées te sont ouverts ; à quoi bon te les vanter ?

Si tu as encore les jambes agiles, monte au sommet des tours de Notre-Dame. L'endroit est excellent pour jeter son spleen et son corps dans l'espace, et pour embrasser Paris.

Ne va pas admirer la marmite des Invalides, même sous le prétexte d'admirer le tombeau de Napoléon !

Cette soupière énorme, ce grand néant te laisseraient le cœur à jeun. Mais si, après avoir respiré l'esprit, la fleur, l'arome, l'essence de Paris, tu veux, en vrai philosophe, connaître l'envers de cette beauté ; si, comme Hamlet, et sans avoir à tuer ton beau-père et ta mère, tu veux mettre ton doigt dans le crâne du pauvre Yorick, ne va pas aux cimetières ; ils sont trop meublés d'immortels ; prends le boulevard d'Italie, va droit à la *butte aux Cailles.*

Là, dans un quartier hideux, sur une éminence qui se coupe à pic, tu trouveras la dernière, l'indéracinable verrue, la léproserie de Paris, des espaces énormes, des cloaques sans nom, bordés de masures chancelantes !

Vas-y le jour, c'est horrible! Vas-y la nuit, c'est prodigieux. La lune répandra devant toi un désert asphaltite ; tu sentiras l'odeur d'une pourriture immense, l'exhalaison d'un cadavre géant, celui d'un frère du Paris vivant, qui tous les soirs va mourir là.

La silhouette fantasque du sombre Bicêtre, la Bièvre étroite et jaune avec ses vieux moulins à *tan* te rappelleront seuls la vie sur ce fumier gigantesque.

Tu le vois, le spectacle varie. Il y en a pour tous les goûts et pour tous les dégoûts. Paris est varié et complet comme Shakespeare. Voilà pourquoi on ne peut pas plus se passer de l'admirer et de l'aimer que finir jamais de le connaître.

Combien de Parisiens qui mangent des pâtés de cailles aux truffes sans savoir qu'il existe une pareille *butte aux Cailles!*

VI

PARIS-COSTUME

Le grand art de s'habiller à Paris se résume dans cet axiome : être toujours prêt pour une partie de plaisir ou pour une affaire, pour une audience ou pour un rendez-vous, sans être jamais endimanché !

Il est bien évident que l'invitation spéciale, que le dîner, la soirée, la visite d'apparat obligent à un achèvement dont on ne saurait se garantir, quand on a le temps ; mais il faut toujours être assez correctement et assez simplement mis pour suffire à l'imprévu.

Une femme d'esprit, jouant un soir aux petits jeux, avait à répondre à cette question :

— Qu'est-ce qu'une femme distinguée?

Elle répondit sans hésiter :

— Une femme qu'on ne distingue pas !

La réponse fut contestée. Elle parut paradoxale à

de belles dames, dorées sur toutes les tranches; mais elle flatta la fatuité de quelques hommes, très-fiers désormais de leurs amours, et s'imaginant que le choix de leur cœur était une divination de leur intelligence, puisqu'ils étaient aimés de femmes bien remarquables, ayant été seuls à les remarquer.

*
* *

Je n'entamerai pas de commentaires sur cette réponse un peu précieuse; mais je crois qu'elle pourrait très-justement s'appliquer aux hommes de valeur. Ils n'ont de prix, extérieurement, que quand ils n'ont pas attaché d'étiquette à leur personne, par un costume excentrique, prétentieux, trop négligé ou trop exigeant.

Le sot paraît toujours costumé. L'homme d'esprit sait se costumer, sans qu'il y paraisse.

Il y a quarante ans, on était célèbre par la coupe de son gilet, et Balzac, ce Shakespeare de la photographie sociale, donnait l'importance qui lui convenait à l'époque, en étudiant l'habit bleu à boutons d'or de Marsay.

La Restauration avait ramené de l'étranger des caricatures; Louis XVIII, attachant des épaulettes à sa veste de chasse, provoqua une protestation et une révolution qui durèrent jusqu'aux environs de 1848.

Le suffrage universel a brouillé les modes pour les

hommes, et les établissements de confection ont vulgarisé les secrets de l'art du tailleur pour les hommes et pour les femmes.

Aujourd'hui, on s'habille comme on veut, où l'on veut; les foules, dans la rue ou dans le salon, remplissent absolument le même rôle de repoussoir. Toute la lumière de la coquetterie est pour la femme, nous sommes le fond de l'écrin sur lequel se détache l'éternel diamant.

***

N'attends donc pas de moi des adresses de tailleurs, mon cher hôte; sois tranquille, elles ne te manqueront pas; car depuis qu'il a perdu de son importance philosophique, le tailleur, affranchi de toute délicatesse, exagère sa vanité et ses prix.

Mais, pour peu que tu répondes à certaines nécessités de costume que je t'indiquerai plus loin, ne prends pas la peine d'être infidèle à un honnête homme qui t'a peut-être fourni des vêtements bien cousus, amples, et à meilleur compte, dans ton pays natal.

On a fait des essais, des tentatives désespérées pour réveiller la foi à la toute-puissance de la mode. Elles ont échoué. L'homme civilisé, au point de vue de l'habillement, n'est plus que l'accompagnateur de la femme; il la laisse chanter seule la symphonie du blanc, du rose, du vert, avec toutes les modulations do demi-teintes que l'industrie a introduites, comme des dièses et des bémols.

***

Un politique, qui ne s'habillait peut-être pas mieux que M. Thiers ou M. Dufaure, a dit un jour : *La France est centre gauche.* Cette parole est absolument vraie dans la question du costume. Entre le blanc à droite, et l'écarlate à gauche, le bon sens public a choisi le gris qui tient du premier, et le marron qui est une atténuation du second.

Les étrangers, même ceux qui viennent des contrées heureuses où les partis politiques n'existent pas, ont suivi le cortége des hommes gris et marrons, et je te défierais bien de reconnaître un Japonais dans les rues de Paris, s'il n'avait pas gardé, bien malgré lui, une figure plus aplatie que celle des hommes du 16 mai.

Ne cherche donc pas à surprendre l'admiration ou la curiosité, par ton décor. Si tu as de trop belles bottes, des brandebourgs sur tes redingotes, des gilets brodés par une main chérie, des jabots et des manchettes comme on n'en voit plus que sur les enseignes de certain photographe, laisse ces témoins, ces confidents de ta nationalité dans ta malle, et glisse-toi, en Parisien, dans la demi-teinte générale où se meut l'âme spirituelle de Paris.

***

Ne crois pas, d'ailleurs, que je veuille seulement te donner une leçon de goût. C'est aussi une précaution salutaire que je t'indique; car le dieu Truc, dont je t'ai parlé, ce dieu des coquins, des coquines et des coquettes, n'attend qu'une trahison de ton costume pour te saisir au passage, pour t'exploiter et te renvoyer ensuite, avec ton oripeau national, en livrant un type de plus au musée du carnaval parisien.

Éteins donc avec soin toute couleur voyante, toute excentricité. Ne te déguise pas; mais prouve, du moins, à ceux qui viendront rôder autour de toi, que tu es assez Parisien par le désir pour n'être pas une proie facile.

Il a été longtemps permis aux étrangers de porter, en toute circonstance, ce qu'ils appelaient l'habit de voyage, c'est-à-dire, le chapeau melon, le veston serré, la sacoche en bandoulière, retenue aux épaules par la courroie de cuir.

Le dieu Truc seul pourrait dire ce que cet accoutrement coûtait à l'étranger. Signalé à tous les coins de rue, précédé par des œillades télégraphiques qui le mettaient sous la surveillance de toutes les rapacités, le voyageur rentrait chaque soir à l'hôtel, comme un naufragé, et le sourire avec lequel on tâtait sa sacoche ressemblait à un feu de joie allumé par des tireurs d'épaves.

Il y a, dans Paris, un juge infaillible, qu'on ne détrônera jamais, qui fait des révolutions et qui n'en subit pas, qui se moque de tout et dont le rire, qui soulevait autrefois des pavés, éparpille aujourd'hui des éclats de macadam sur le monde entier ; c'est Gavroche, le gamin, celui qui dit le mot décisif, et qui jette, dans un cri, une formule à l'opinion hésitante.

Le gamin de Paris a réformé le costume du voyageur ; aujourd'hui Gavroche ne crie plus à la *chienlit*, quand il voit passer un Anglais, un Russe, un Italien, un Espagnol, un Allemand. Il l'observe, le trouve mis comme un Parisien, le salue, et s'il lui extorque encore un impôt, c'est l'impôt du Parisien ; ce n'est pas la rançon de l'étranger. C'est moins cher.

Savoir voyager, c'est savoir être partout chez soi ; mais en se conformant aux usages des autres peuples. S'efforcer de conserver quand même son originalité superficielle, c'est faire trop bon marché de sa valeur propre.

C'est par les qualités universelles que les étrangers obtiennent l'estime de ceux qu'ils visitent ; c'est par leurs signes particuliers qu'ils risquent de la froisser. Sois homme, ô mon hôte, parmi des hommes, et ne tiens plus uniquement à être Allemand, Anglais, Espagnol, parmi des Français.

Donc, nous supprimons, si tu le veux bien, le chapeau de voyage. Si tu prends un chapeau, *un*

tube parisien, ne le choisis pas à bords trop larges, et défie-toi des bords trop étroits. Ni quaker, ni groom. L'excès de l'une ou de l'autre forme te mettrait dans cette alternative.

Quel que soit ton pied, n'affecte pas de le cacher sous un pantalon à jambes d'éléphant, et quel que soit ton mollet, résiste à l'envie de le faire saillir dans une enveloppe trop juste. Sois modeste, Antinoüs, et réserve des surprises aux chercheuses d'inconnu.

Prends des gants français; ils sont moins solides, moins bien cousus, et coûtent plus cher que des gants anglais; mais ils étranglent mieux la main, et la difformité de la main par le gant est une des grâces françaises, comme la difformité des pieds est une des grâces chinoises. C'est à qui veut faire croire qu'il n'a jamais tenu l'outil ou la charrue.

Chausse-toi modestement. Si tu as des bottes à tiges exhubérantes, confine-les dans l'armoire aux souvenirs, et accepte la bottine qu'un de tes compatriotes peut-être va t'offrir.

Parmi les industries parisiennes, celle de la chaussure, en effet, compte le plus grand nombre d'étrangers acclimatés en France. Ne dirait-on pas qu'ils ont cru que le plus grand problème à résoudre, pour les États-Unis d'Europe, c'était l'égalité de la chaussure, et que la première vertu à conquérir, pour devenir Français, était celle du soulier vernis?

***

La grande question, le *nec plus ultra* le blason parisien, c'est le linge. Sois toujours vêtu, mon hôte, comme si un coup de foudre ne devait te laisser tout à coup que ta chemise pour tout vêtement. Porte-la cachée, comme si tu devais la montrer à toute réquisition ; c'est le passe-port que rien ne supprimera.

La forme du plastron, la fraîcheur du col et des manchettes, cette blancheur contre laquelle les blanchisseries de Paris luttent sans relâche, comme si elles étaient des agents de l'étranger : voilà les conditions de la première élégance. Sois propre, ô mon hôte, et ne te fie pas à l'engouèment professé, l'année dernière, pour les Nubiens frottés de chandelle, ou, cette année-ci, pour les Esquimaux frottés d'huile !

***

Si tu n'en vends pas, ne porte pas de bijoux sur toi.

M. Belmontet te chanterait, en vers, que la dignité est le plus beau diamant de l'homme ; j'aime mieux te dire, en prose, que rien n'attire moins les Parisiennes et que rien n'éloigne plus les Parisiens, que les bijoux étalés sur le costume. La Parisienne ne veut de pommes que sur la branche, de diamants que chez le bijoutier; le Parisien n'aime pas les pepins; or tout diamant, tout bijou que fait miroiter un étranger est pour le Parisien le pepin d'une pomme qu'on a croquée sans lui, et dont on veut le rendre jaloux.

Une chaîne de montre, un anneau artistique, une pierre gravée en creux, plutôt qu'un camée, voilà tout ce que le code de l'homme élégant peut permettre.

Si tu rencontres des gens qui portent deux chaînes et deux montres, tu peux leur demander, selon le mot de V. Sardou, si, pour savoir l'heure, ils prennent la moyenne.

**

Un jour, un jeune élégant, de ceux qu'on appelle gommeux, parce qu'ils semblent mettre de la gomme sur leurs cheveux, et qu'ils en mettent en réalité dans leurs boissons, faisait la cour à une femme d'esprit.

Il se pavanait, et sortait comme une crème de son gilet en cœur; la dame, qui sentait la demande d'une aumône, lui dit:

— Oui, vous êtes joli, très-joli, trop joli; on voit que vous vous êtes habillé!

Tout est là. Le Parisien, même avec des vêtements neufs, ne doit pas avoir l'air de s'être habillé; il est le représentant de l'improvisation du goût, de l'esprit comme du courage ; il se vêt en quelques minutes ; il ne doit pas laisser voir qu'il s'est habillé.

Souviens-toi de cette nécessité, qui bouleverse la vieille stratégie de nos pères. Que veux-tu, mon hôte ? On ne fait plus la guerre, l'amour et le reste, de la même façon. La vapeur a changé tout cela.

**

Tu veux savoir à quelles conditions on doit et on peut s'habiller ? Il en est du vêtement comme de tout. A Paris, on s'habille à tout prix, depuis les costumes complets sur commande à trente-cinq francs, jusqu'aux simples habits de cent cinquante francs.

Le plus cher, — c'est là une vérité si banale qu'on ne peut la proférer que dans un guide, — le plus cher des tailleurs est, après expérience, le plus paternel, le plus économe, le plus prévoyant des amis. La mécanique appliquée au costume nous expose à d'étranges mésaventures ; la machine à coudre met un seul fil à la disposition d'un accident, et le farceur qui trouverait le bout du fil pourrait, en décousant d'un geste nos vêtements, nous réduire à l'état primitif.

Choisis des tailleurs qui fassent un nœud à leur fil, et pour mieux choisir, n'entre qu'avec prudence chez les marchands d'habits tout faits, c'est-à-dire faciles à défaire.

*
* *

Puis-je parler de Paris au point de vue du costume, sans m'adresser aussi, mon hôte, à ta femme, à ta sœur, à la *muse?*

Si tu viens seul, on t'a donné des commissions; si tu viens accompagné, tu as une mission.

Comment, dans l'un ou l'autre cas, te tireras-tu d'affaire? Te dire de consulter une Parisienne est bientôt dit. Mais quelle Parisienne? Si tu n'en connais pas, à quelle agence, à quel journal, à quel milieu demanderas-tu l'inspiration nécessaire, le conseil?

Hélas! il est déjà si difficile aux Parisiennes, les plus rompues au manége des couleurs, aux combinaisons des étoffes, de se maintenir dans une moyenne de goût, de simplicité, d'élégance discrète!

Comment espérer, si ta femme est jolie, qu'une jolie Parisienne lui donne un avis désintéressé? comment supposer, si elle a de la coquetterie, que les bonnes faiseuses ne s'empresseront pas de se débarrasser à son détriment de leurs étoffes les plus compromettantes, de leurs modes les plus compromises?

Il y a un mot terrible dans l'argot de la toilette confectionnée, c'est le mot *exportation.* Tout ce qui n'est pas jugé digne du goût parisien le plus authentique est mis à part pour être vendu aux étrangères chez elles, et chez nous. Étoffes éclatantes, association de couleurs risquées, chapeaux à plumes d'or, corsages audacieux de précision, tout ce que la Parisienne habile, discrète, savante, diplomate, refuse, pour ne point trop promettre et pour ne pas trop donner d'elle, est expédié ou mis en réserve pour l'étrangère.

Méfie-toi donc, si tu choisis pour les femmes qui t'intéressent, et conseille-leur de se méfier, si elles choisissent sans toi ou avec toi.

***

Il s'est formé des établissements de tailleurs pour femmes. La couturière qui suffisait jadis, sans son mari, est devenue l'accessoire, l'aide subalterne de son époux. C'est l'homme qui *rêve* à la robe demandée, au costume souhaité. Je ne sais si c'est lui qui essaie; mais il assiste à l'essayage; comme certains médecins assistent aux douches des dames malades, derrière un paravent, un écran, ou les cinq doigts de la main en éventail.

Si cette épreuve ne t'effraie pas, envoie ta femme chez le tailleur, et par un dernier respect pour elle et pour toi, n'y va pas.

Je ne crois pas à la légende sur les dangers que peut courir une dame qui essaie sa robe en ville.

Je nie les cabinets mystérieux, les tours de Nesle capitonnées, où des Gaultier d'Aulnay attendent de très-grandes dames pour les adorer en corsets.

J'affirme que c'est calomnier les goûts champêtres de tels ou tels confectionneurs que de les accuser de

posséder des maisons do campagne, uniquement pour
y recevoir des clientes, et pour y donner des consul-
tations sur les coupes les mieux appropriées aux
grâces de madame X et au goût de M. Z.

Mais enfin, quand il serait vrai que les épingles ne
sont attachées et détachées partout et toujours que
par des femmes ; quand il serait vrai que la classique
couturière est remplacée, sans inconvénient pour la
morale, par des artistes masculins, je n'en déplorerais
pas moins que les hommes aient usurpé des fonctions
essentiellement féminines.

Leur influence se fait sentir. Autrefois, tout en
s'habillant pour plaire au sexe qui leur donne des
maris et des amants, les femmes ne dédaignaient pas
de s'habiller pour les femmes ; elles songeaient à
l'émulation autant qu'à la coquetterie.

Aujourd'hui, le costume, *modelé* par un homme,
est fait pour renseigner exclusivement les hommes.
Tant pis pour les femmes qui ne peuvent concourir
à l'examen ! C'est ainsi que nous voyons d'honnêtes
mères de famille, obligées de subir des armures qui
les offrent et ne les défendent pas.

C'est ainsi qu'il est devenu impossible à une jeune
fille à la mode d'avoir la plus vulgaire modestie. Son
corsage lui fait une nudité colorée, et la jupe lui
interdit de s'asseoir sans donner la mesure exacte de
ses jambes, à toutes hauteurs, comme elle a déjà donné
la mesure de sa taille, de ses bras, de sa poitrine.

Certaines cuirasses étaient autrefois réservées aux
nymphes des féeries, et le théâtre portait la respon-

sabilité du scandale. Aujourd'hui, les jeunes filles les mieux élevées s'habillent, comme les actrices se déshabillent, pour un rôle de fée, et le sot qui se plaint après le mariage d'avoir été trompé n'a qu'à s'en prendre à lui : il pouvait regarder tout à son aise.

Il n'y a plus ni châle, ni mantelet, ni écharpe pour faire regretter la vue de quoi que ce soit.

Phryné, pour séduire l'aréopage, n'aurait qu'à passer bien habillée ; on en verrait assez pour l'absoudre en faveur de sa beauté.

Ce sont là les torts de la mode et de la mode un peu trop mise en fermentation par les tailleurs. Mais, sois rassuré, mon hôte ; il y a encore, il y aura toujours à Paris des femmes, pour s'habiller sans paraître se déshabiller, pour encadrer leur beauté sans la faire sortir du cadre, et pour la couvrir sans la faire jouer à cache-cache.

La vérité du costume féminin est, comme la vérité du costume masculin, au surplus, comme toute vérité en ce monde, dans la mesure, dans la modération, dans l'art d'être distingué sans être remarqué.

Il faut choisir son costume, ou celui de sa femme, absolument comme on choisit un ami, pour lui confier ses rêves les plus doux, les meilleurs, les plus décents ; non, pour s'en pavaner et s'en griser. Il y a des toilettes dans lesquelles les femmes ou les hommes sont incapables d'une folie. Il en est avec lesquelles on est ridicule de n'être pas extravagant.

VII

PARIS PENSEUR

Ne t'effraie pas de ce titre, ô voyageur.

Je ne prétends ni t'envoyer à l'école, ni te faire échanger, contre une philosophie pédante et dogmatique, cette philosophie naturelle que tout voyageur sensible porte avec lui.

Seulement il est bon que tu connaisses l'atmosphère de ton cerveau, pendant ton séjour à Paris; comme j'ai essayé de t'indiquer l'atmosphère de ton estomac. Tu resteras libre de goûter à la science et à la pensée, ou de les dédaigner, quand je t'aurai montré les cuisiniers de l'esprit. Je ne veux pas influencer ton appétit; je prétends seulement te donner un menu rapide.

***

Un provincial qui ne s'acclimata jamais à Paris, bien qu'il fût académicien, et qui venait du pays des grands faiseurs de paradoxes, de la patrie de Proudhon et de Courbet, un écrivain qu'on appela long-temps un humoriste, parce qu'il eut toujours de l'humeur contre quelqu'un ou quelque chose, Charles Nodier a écrit :

« Il est sage de se méfier d'un pays où les grands écrivains se comptent par centaines, et d'une littérature où les livres célèbres sont si nombreux qu'on ne saurait les compter. »

Je te signale ce sarcasme, cette calomnie, pour te prémunir une bonne fois contre ces gens toujours désenchantés de ce qui n'est pas leur gloire, qui se moquent des étrangers, en feignant de se moquer de la France ; qui font de leur impuissance le ferment d'une morgue implacable, et qui paraissent des gens raisonnables pour n'avoir pas d'enthousiasme, quand ils sont tout simplement des raisonneurs de comédie.

***

Non, s'il y a beaucoup d'écrivains distingués en France, on n'a jamais senti l'encombrement, et les chefs-d'œuvre peuvent encore se multiplier, sans aveugler les contemplateurs.

Tant pis pour les gens qui s'impatientent d'entendre répéter que Paris est un cerveau toujours en ébullition. Quoi qu'ils en aient, la métaphore, à l'encontre de tant d'autres, est absolument juste. Paris produit de la pensée, comme l'eau à cent degrés produit de la vapeur, tantôt se dispersant en pluie infinitésimale, tantôt condensée en un jet puissant.

Mais, gouttelettes ou jaillissements, la pensée de Paris est toujours fécondante; elle fait pousser l'herbe, qu'on entend pousser, quand on écoute un peu; ou bien elle improvise des futaies en une nuit, et quand elle se maintient en brouillard pendant quelque temps, ce n'est jamais pour obscurcir la lumière; c'est pour l'attendrir et pour ménager des révélations d'aurore.

*
* *

Victor Hugo, un Franc-Comtois aussi, mais émancipé du paradoxe par la violence de son génie, a dit un jour:

« La fonction de Paris, c'est la dispersion des idées.

» Paris est un semeur. Où sème-t-il? — Dans les ténèbres. — Que sème-t-il? — Des étincelles. »

A Paris, les bêtes racinées ont une sorte d'esprit.

Il n'y a qu'à Paris qu'un observateur profond comme Racine a pu prétendre que les chevaux d'Hippolyte se conformaient à sa *triste pensée.* Découverte merveilleuse, que la multiplication des voitures de place met de plus en plus en lumière!

Ne sont-ils pas des penseurs à la journée ces animaux indépendants, qui ne nous mènent que selon leur volonté, et qui retournent la proposition de Racine, en l'affirmant?

Ce sont aujourd'hui les cochers qui se conforment à la pensée triste ou joyeuse de leurs chevaux.

***

Quelle est la qualité de la pensée parisienne? C'est d'être si parfaitement vive, claire, diffuse, impalpable, qu'on ne peut la peindre, la définir par une seule formule. Elle est comme le style de Voltaire, qui *est,* mais qu'on ne voit pas; parce qu'il est une vitre sans tache.

La pensée de Paris, pleine de contrastes, c'est Molière, à la fois gai jusqu'aux larmes et triste jusqu'au sourire; c'est Voltaire, enthousiaste et railleur, un peu au rebours des conventions, faisant un poëme burlesque avec Jeanne d'Arc, et un poëme sérieux avec le vert-galant; c'est Camille Desmoulins, héroïque et gamin; c'est aussi Joseph Prudhomme, solennel et poncif.

Quand on croit Paris étourdi de billevesées, il rayonne tout à coup d'une raison qui plane et monte d'un vol rapide jusqu'au lyrisme.

En 1848, il a pris un poëte pour chef d'une révolution de dégoût; en 1852, il subissait l'usurpation brutale d'un somnambule.

Sais-tu ce que Paris, dans ce moment, achète, lit et dévore avec un appétit qui ne se rassasie pas? C'est à la fois les livres de Victor Hugo, et leur antithèse, les romans grossiers des Balzac de l'égout. Parnasse et Courtille! voilà les deux sommets où monte et d'où dégringole, avec le même entrain, ce peuple si poétique et si trivial.

Paris est la ville où l'on tolère le plus d'opérettes; mais où l'on admire le plus de poésie.

Je t'ai nommé Victor Hugo, mon hôte, je ne nommerai que lui. Il y a plus de cinquante ans que cette gloire est allumée, et son éclat n'a pas faibli. Quand elle s'était reculée dans l'exil, la France s'était assombrie, et la lumière n'en caressait plus que les bords.

Quand la patrie a été en danger, le poëte est accouru. Aujourd'hui, il a repris sa place au zénith, achevant de dessécher, de calciner, d'émietter, sous ses rayons ce qui nous restait de la boue de l'empire.

Si tu veux te donner l'honneur et la joie de voir Victor Hugo, ne te gêne pas, mon hôte; tu deviendras le sien. Ce proscrit revenu se venge des années amères par une hospitalité cordiale. Va le saluer; il te tendra la main, et tu pourras t'asseoir à sa table entre un journaliste, célèbre ou inconnu, et un empereur de passage ; car il en reçoit qui jouent avec ses petits-enfants, en attendant de causer avec lui.

***

Les poëtes sont nombreux en France. Victor Hugo piétine vivant dans sa monnaie future.

Je n'entreprendrai pas la nomenclature des versificateurs ni celle des poëmes. Sache seulement que la note dominante dans les petites lignes coupées par la rime, comme dans les lignes filandreuses qui ne se coupent pas, c'est le naturalisme.

Mais quel naturalisme ! Ne crains plus les bosquets de Parny, le lac de Lamartine, les bois solitaires de Millevoye ! Ce sont des forêts vierges que la poésie champêtre s'est adjugées pour sa puberté. Les animaux monstrueux, primitifs, y marchent à pas comptés. Le rhinocéros a remplacé Philomèle, et c'est maintenant que l'on peut dire :

> Un éléphant se balançait
> Dans une toile d'araignée.

Aimes-tu la simplicité ? On t'offrira dans un poëme les délicieuses émotions d'un petit épicier cassant son sucre avec tranquillité.

Mais la grande émulation nationale de nos meilleurs petits poëtes consiste à chanter, à décrire *le Mahahbarata*, les trois cents transformations de Vichnou, les péréginations de Çakia-Mouni. Aimes-tu le lotus aux fleurs brillantes? On en a mis partout. Le crocodile te plaît-il sous des ombrages africains? On te racontera ses amours. Les jeunes Japonaises aux lèvres carminées, aux dents noires de bétel, jouant de la guitare nationale, ont remplacé les Elvires du temps passé !

Tout cela est servi, serti, dans des sonnets, dans des petits poëmes délicieusement ciselés, ornés, fouillés. Il est impossible de pousser plus loin l'industrie, la chinoiserie.

Passons à la prose.

M. Jourdain faisait de la prose sans le savoir : à Paris, tout le monde fait de la prose, sans *la* savoir.

Le secret des combinaisons, la stratégie des mots, la valeur d'une épithète choisie, le nombre, l'harmonie, le choc inattendu de certaines sonorités, l'idée qu'une assonnance peut éveiller, tout ce qui constitue le métier d'écrivain est peu observé.

Aussi, dans les romans, le dialogue, cette forme vulgaire, cette suppression de l'analyse, a-t-il remplacé le récit nuancé.

Je n'ai pas le loisir de te faire un cours sur les romans contemporains. Sache seulement que Balzac est mort; que Paul de Kock est enterré; que Paul Féval est converti; qu'Alexandre Dumas n'est plus imité, même de ses anciens collaborateurs, et que si tu veux te tenir au courant des succès du jour, tu devras lire à huis clos le livre le plus à la mode, et le brûler, avant de retourner auprès de ta femme ou de ta fille.

***

Mais tu ne viens pas à Paris pour acheter des livres. Tout au plus, dans la journée, viendras-tu t'asseoir devant la table d'un café pour lire les journaux.

Paris journaliste, voilà la grande gloire, la force, le charme, l'électricité permanente de cette capitale d'écrivains. Dans tous les pays, on a des hommes de valeur pour discuter et exposer au public les intérêts politiques, moraux ou matériels de la nation.

L'Angleterre, l'Amérique, l'Allemagne, la Belgique, l'Italie, ont de grands et beaux journaux parfaitement rédigés.

Mais le journaliste vivant, infatigable, alerte, qui fait croire à la science par sa prestigieuse habileté; qui dit tout de suite ce qu'il faut dire ou ne pas dire; qui n'apprend rien, et qui enseigne tout; qui s'assimile les questions, en les traversant à la course; qui improvise des chefs-d'œuvre dont il n'a pas conscience, et qui n'est jamais fier que de ce qu'il a fait de moins bon; le journaliste cordial, méchant, sans rancune, sans passion, et pourtant toujours en feu, le polémiste implacable sur le terrain, et désarmé dans le banquet; ce journaliste-là, tout-puissant pour vivifier l'atmosphère, impuissant pour la changer contre le tempérament du pays, ne se trouve qu'à Paris, et ne peut se trouver que là.

***

Il se personnifie ici dans deux types.

L'un a révolutionné la presse, il y a quarante ans; a abaissé le prix des journaux; a fabriqué pour la polémique une arme rapide, incisive, frappant par piqûres, déchirant par lambeaux, harcelant, fatiguant, énervant l'ennemi.

Ce grand journaliste a essayé plusieurs fois de déposer la plume; il y revient toujours; fidèle à la liberté, indifférent à ses drapeaux, variant ses stratégies, déroutant ses alliés, tour à tour haï et aimé des mêmes gens, plus fort que les haines, se dégageant des amitiés, étonnant toujours ceux qui le croient vieilli, servant le progrès réel par des rêves, ne mettant que rarement la morale en jeu, et la faisant triompher sans y toucher, par le calcul de l'intérêt bien entendu; courageux, opiniâtre, ayant l'art d'habiller de paradoxes les lieux communs nécessaires; ne perdant jamais une minute à se défendre, attaquant toujours, recommençant depuis quarante ans l'assaut d'une popularité qu'il perd, quand elle le froisse, qu'il regagne quand il le veut et, en dépit des autres et de lui-même, avançant avec l'âge dans une gloire qui lui survivra : telle est la personnification la plus complète du journaliste politique, batailleur, écrivain ordinaire, polémiste extraordinaire, Français jusqu'au bout des ongles, Parisien jusqu'au bout de la plume !

Demande son nom ; *la France* te le dira.

_

En face de ce Talleyrand à la vapeur, veux-tu que je te montre l'homme qui amuse, irrite, attendrit Paris, qui a créé la presse du superflu et en a fait une nécessité quotidienne ?

Celui-là, bonhomme, mais implacablement mystificateur, ayant au suprême degré le génie de la vie, le flair de la nouveauté, touchant à tout, sans rien casser, mais faisant vibrer toutes les statuettes ; remuant du bruit pailleté, redouté pour ses chiquenaudes dont personne n'est mort, dépensant des forces prodigieuses, quand il se hasarde en politique, pour arriver à ne pas déplacer un grain de sable, servant la cause de Paris qu'il fait aimer, et servant ainsi par là, sans le vouloir et sans s'en apercevoir, la cause de la liberté dont il se moque et de la république qu'il croit haïr ; charitable devant une infortune, sensible, faisant de son journal une sébile d'or pour les malheureux ; calomniant par drôlerie les vaincus, familier avec les vainqueurs, voltairien sans avoir lu Voltaire, et propageant l'esprit du grand philosophe par sa façon d'être de l'avis de M. Dupanloup ; conservateur par conviction, démolisseur par tempérament, bavard à tout prix, hâbleur sans scrupule, serviable à huis clos, ingrat par distraction, se souciant aussi peu de ce qu'on dit que de qu'il a dit hier, sans rancune contre personne, ni contre la destinée, trouvant la vie bonne, et voulant la faire chérir ; personnalité originale, sans un autre talent que celui de mettre en lumière l'originalité des autres, accueillant tous les mérites, mais tolérant toutes les médiocrités, bon et s'entourant de grincheux, bourgeois, et prenant en grippe la bourgeoisie, très-attaqué, mais très-choyé, comme Figaro, en somme, valant mieux que sa réputation, voilà le journaliste considérable de la fantaisie, de l'actualité, du bibelot de la pensée !

*
* *

Entre ces deux publicistes prodigieux, dont tu liras les journaux, le matin et le soir, faut-il énumérer les feuilles qui battent l'air et fouettent les opinions ?

Non, je ne t'ai pas menacé d'une statistique. Je veux te donner une boussole. Tu as les deux pôles ; cherche ta route.

Faut-il feuilleter pour toi les revues ? Il en est de vénérables : la *Revue des Deux Mondes* ; de vaillantes et d'utiles comme la *Revue politique et littéraire;* de modestes comme la *Revue scientifique;* de nouvelles qui cherchent à faire leurs preuves, comme la *Revue de France;* mais, sans médire, sans calomnier, sans dénigrer, je peux bien convenir que l'esprit particulier de Paris s'épanche plus facilement dans les journaux que dans les revues. Il faut à l'impatience de son cerveau un instrument plus rapide que la revue mensuelle, bimensuelle ou hebdomadaire.

Auras-tu la chance d'une séance à l'Académie? Te sera-t-il donné de contempler nos immortels couronnant la vertu de quelques vieilles servantes, et la littérature de quelques jeunes dames?

Tu ne viens pas à Paris pour y tâter de l'ennui.

Évite donc les abords de l'Institut.

C'est un édifice malsain, posé comme la Morgue, au bord du fleuve, pour recueillir les noyés de la philosophie, de la politique, de l'éloquence. On y parle de l'immortalité, comme les chartreux parlent entre eux de la mort. Aussi n'est-on pas surpris d'apprendre, de temps en temps, que des académiciens se sont tués, au propre, après s'être tués, au figuré, par leur élection même!

Pour ne parler que des suicides du siècle, M. Émile Augier, l'ennemi des romantiques, s'est jeté à la Seine en 1820, plutôt que de voir triompher l'école nouvelle. Prévost-Paradol ne s'est pas pardonné de s'être rallié à l'Empire, et M. Beulé, secrétaire perpétuel de l'Académie des beaux-arts, un ancien ministre de l'ordre moral, dégoûté de la morale, s'est planté un poignard dans le cœur pour y fixer quelque chose.

Voilà les œuvres les plus dramatiques des académiciens. Ne va pas regarder ces immortels aspirant incessamment à la mort.

En dehors des cours de la Sorbonne, du Collége de France dont je parlerai tout à l'heure, Paris possède un petit établissement libre de conférences. Le soir, les jours de pluie, on peut se réfugier pendant une heure dans cet abri décent; des journalistes y parlent, absolument comme s'ils écrivaient, racontant la pièce nouvelle, le livre à sensation.

Cette critique en chambre ne porte pas au cerveau; elle ne le fatigue pas non plus, et l'on n'a ni le temps de s'endormir, ni la peur d'emporter des rêves trop brillants.

Plusieurs fois on a rêvé pour les familles des soirées d'enseignement littéraire, familier; mais, soit que le public manque aux conférenciers, soit que les conférenciers manquent au public, l'œuvre est restée languissante; le phonographe en est aujourd'hui le plus réel attrait; encore a-t-on bien soin de ne faire fonctionner l'appareil que quand les orateurs ordinaires de l'établissement ne parlent pas, de façon à empêcher cet instrument sensible de recueillir ce qui ne vaut pas la peine d'être gardé.

Malgré la médiocrité des choses qui se balbutient dans les conférences, on sent flotter au-dessus d'elles une bienveillance qui deviendrait un succès réel, si par hasard il surgissait de véritables orateurs et des professeurs.

***

Il fut un temps, mon hôte, où l'étranger le plus indifférent aux œuvres de l'esprit était invinciblement attiré vers le quartier de la Sorbonne et du Collége de France, non pas tant pour entendre les maîtres qui parlaient à la jeunesse (car il n'y avait pas toujours de la place pour le public étranger aux écoles), que pour voir défiler les étudiants, au retour de ces communions intellectuelles. On les regardait passer comme on voit passer maintenant des pelotons de volontaires C'était la légion de l'avenir qui allait s'armer aux cours de Michelet et de Quinet pour aller combattre dans les journaux, dans des revues. dans des conférences, le bon combat de la liberté et de la pensée.

Comme il y a longtemps de cela !

Aujourd'hui, on fait des boulevards magnifiques pour conduire aux amphithéâtres; on a planté des squares devant les vieilles maisons de la science rajeunie; tout le monde peut aller en voiture dans ces avenues qui étaient autrefois des rues étroites; mais il ne viendra jamais à l'idée d'un voyageur de sortir du Grand-Hôtel, de l'hôtel du Louvre, pour aller écouter ce qu'on dit là-bas, de l'autre côté de l'eau, dans ces chaires, si longtemps muettes ou seulement susurrantes, sous l'Empire.

Michelet, rappelant un jour, dans un article sur le Collége de France, ces années de fièvre, écrivait avec enthousiasme :

« Ce qui serait beau à dire, si on pouvait le retrouver, c'est combien la foule enseignée nous enseignait à son tour, réagissait à son insu ; combien ce grand auditoire de tout peuple et de tout âge, Français, étrangers, vieux, jeunes, étudiants, professeurs, dames, influaient puissamment sur nous ! »

Aujourd'hui, l'électricité n'est plus aussi puissante dans ces régions refroidies par système. Les étudiants travaillent pourtant avec autant de volonté qu'autrefois, mais avec une volonté plus taciturne, et avec moins de solidarité. Ils ne se donnent plus en spectacle ; ils ont des occasions plus rares d'ovations, de félicitations ; mais je crois aussi qu'il n'arriverait plus, même à un professeur d'hindoustani, ce qui est resté légendaire dans le quartier de la Sorbonne.

Peut-être ne sais-tu pas cette histoire, fort connue en France? Je la cite, pour ne rien te ménager, et aussi pour finir, sur un air moins morose, ce chapitre qui s'est assombri en parlant de la pensée, grave au fond, du Paris toujours en si belle humeur.

***

C'était, il y a... supposons vingt ans. Un professeur de langue indoue n'avait jamais un seul auditeur à son cours; il venait consciencieusement à l'heure dite et au jour prescrit, montait en chaire, puis saluant la salle vide, souriant avec mélancolie à l'amphithéâtre désert, il redescendait, partait, remettant toujours à la fois prochaine l'ouverture d'un cours toujours à faire et jamais commencé.

Un jour il pleuvait; ce solitaire consciencieux avait pris une voiture pour arriver à son heure. Il monte en chaire. O surprise! un auditeur décent, souriant, bien disposé, était là au premier rang.

Le professeur se sent inspiré; il a un arriéré d'éloquence à liquider. Il commence et s'élance, à toutes voiles, dans la science qui est aujourd'hui la spécialité de M. Garcin de Tassy. L'auditeur hoche de temps en temps la tête, applaudit même, sourit, paraît fort intéressé; il ne se lasse pas d'écouter; seulement son attention avide finit par lasser l'orateur.

Au bout d'une heure un quart, le professeur songe à la retraite. Il entame la péroraison; mais elle fait l'effet d'un exorde ; alors, avec une courtoisie charmante, il dit à son public :

— Monsieur, le cours ne doit durer qu'une heure... J'ai fini pour cette fois, je continuerai mercredi prochain.

L'auditeur paraît pousser un soupir.

— Je crains de vous fatiguer, murmure le professeur.

— Il ne faut pas vous gêner, répond l'auditeur. Allez ! allez tant que vous voudrez. Je suis votre cocher, et vous m'avez pris à l'heure !

Quelle déception ! M. X... s'en alla de fort mauvaise humeur, ne donna qu'un maigre pourboire au cocher complaisant, et, depuis, n'alla plus qu'à pied, s'assurer que personne ne l'attendait à son cours ; de cette façon-là, il était bien certain d'être toujours seul.

Malgré les hochements de tête, l'Auvergnat qui l'avait conduit ne paraissait pas avoir pris goût à l'enseignement de l'hindoustani ; car il ne revint jamais.

VIII

PARIS POLITIQUE

Mon cher hôte, si tu viens d'un pays, heureux ou malheureux, d'où la politique soit bannie, ne perds pas ton temps à lire ce chapitre. Il te donnerait peut-être des regrets !

Si, au contraire, tu appartiens à une nation sérieuse qui a le souci de la vie publique, l'inquiétude et parfois la colère du progrès, effleure les confidences que je vais te faire et pardonne-moi de ne pouvoir t'offrir un parfait modèle.

***

A Paris, la politique est partout, dans tout, dans le livre, dans la poésie, dans le costume, dans le théâtre, dans le café, dans l'étalage d'un magasin, dans le boudoir d'une jolie femme, dans son alcôve, et jusque dans ses fleurs.

Sortir à certains jours, prier dans certaines églises, recevoir à certaines époques, manger de ceci ou de cela, flairer le lis, la violette ou l'œillet, c'est faire de la politique.

Les endroits où l'on en fait le moins sont très-souvent ceux où on a la mission d'en faire le plus, et il s'élucide plus de questions, il se prépare plus de changements de ministères ou de gouvernements, dans la rue, sur le boulevard, que dans les assemblées législatives.

L'histoire te démontrerait qu'en France les pouvoirs publics, les parlements notamment, ont toujours été les derniers avertis, par l'expérience ou par un pressentiment, des culbutes dont ils étaient menacés.

Au 18 brumaire, en 1830, en 1848, au 2 décembre 1851, et depuis, c'est toujours à l'heure précise où les mandataires du pays *délibèrent en paix*, et digèrent leur éloquence, qu'une crosse de fusil, un coup d'épaule, un souffle, un rien, ouvre la porte et les pousse dehors.

Paris est la ville du monde où l'on fait le plus vite, le plus gaiement, une révolution, souvent en croyant ne faire qu'une démonstration.

Quand l'imbroglio devient sanglant, tragique, horrible, c'est que la politique s'est retirée. La petite flamme tricolore qui voltigeait au-dessus des pavés disparaît; Ariel s'évanouit; Caliban s'évade de son antro; c'est un intermède de la faim, de la misère, de l'ignorance; ce n'est pas la révolution parisienne. L'intermède sanglant terminé, on s'aperçoit qu'il n'y avait pas l'ombre d'une idée politique en jeu dans ce combat féroce.

C'est pour cela que Paris se relève, se guérit et se fait pardonner en un clin d'œil. Il n'a jamais de remords, et ne peut pas en avoir; il n'a jamais voulu le mal.

Il fait de la politique avec le pouvoir, comme Gros René fait de la diplomatie avec Marinette. — Romprons-nous ou ne romprons-nous pas? — dit-il sans cesse. Quand le pouvoir ne comprend pas le dépit amoureux; quand il prend des airs de bégueule; Gros René ne s'adosse plus aux épaules sur lesquelles il roulait ses épaules; le pouvoir tombe, et c'est bien fait.

Paris est libéral par tempérament.

L'amour de la liberté est une vertu de l'intelligence. Or, l'intelligence de Paris est indiscutable; mais quelquefois l'esprit le plus fin s'embrouille, et Paris fait de temps en temps de la politique d'opérette, au lieu de la politique de Théâtre-Français.

Il ne faut pas croire que l'esprit taquin de Paris choisisse les heures de misère, de faim, de maladie sociale, pour faire de la politique et des révolutions.

Non, c'est parfois aux heures de grande prospérité qu'il s'avise d'un tapage, et en cela son génie se montre avec éclat. Car le fond de la belle humeur parisienne étant une santé inaltérable, quand Paris se porte le mieux, il a des idées de banquet et casse des verres, en voulant faire trinquer des gens irréconciliables.

*
* *

Malgré M. Prud'homme, qui dogmatise en intrigant; malgré le marquis de Carabas qui fait des apocalypses; malgré Ratapoil, qui rêve des pâtées pour ses amis et pour ses chiens; malgré quelques petits Rabagas de pacotille, et quelques Brutus de convention qui se croient des conventionnels, la vraie politique de Paris est élégante, impressionnable, futée comme une femme; il s'y mêle toujours je ne sais quel arome léger.

Un jour, une actrice fort jolie et qui a de très-beaux cheveux noirs, disait en plein foyer :

— Je déteste l'Empire, et j'espère bien qu'il ne reviendra jamais !

— Pourquoi donc ? lui demanda une de ses amies.

— Sous l'Empire, il n'y aurait plus de place que pour *les blondes !*

La politique pour cette Parisienne tient à la couleur des cheveux; elle s'imagine que l'Empire a été le règne abusif des blondes.

Le jour de l'ouverture de l'Exposition, le premier mai, on remarquait à une fenêtre, que tu me permettras de ne pas dénoncer, un trophée superbe de drapeaux assortis. Les passants s'extasiaient sur le patriotisme du propriétaire ou du locataire de cette fenêtre, quand un diplomate, très au courant de la politique parisienne, me montra, derrière les drapeaux, soulevant un coin de rideau, une fort jolie personne, qu'on voit autrement que sous des étendards, et qui en plein jour illuminait de son sourire.

Elle avait pensé que l'occasion était bonne pour faire de la politique de Parisienne, et pour attirer les adorateurs.

Au surplus, je vais te transcrire quelques extraits d'un petit catéchisme politique, rédigé par une dame de beaucoup de grâce, qui donne souvent à dîner à des hommes d'État. L'un d'eux l'avait maladroitement défiée un soir, au dessert, de comprendre quelque chose aux discussions qu'elle présidait. Elle releva le défi, et, au dîner suivant, l'homme d'État trouva sous sa serviette, écrits sur

des images de menus, quelques-uns des préceptes
que j'ai copiés.

**

PETIT CATÉCHISME DE LA POLITIQUE A PARIS

Demande. Qu'est-ce que la politique... à Paris?

Réponse. Madame de Pompadour disait que c'est
l'art de mentir à propos. Bossuet avait prétendu que
c'est *l'art de sacrifier le bien particulier au bien
public;* un démocrate a répliqué que c'est *l'art de
faire garantir le bien particulier par le bien public.*
Moi, je crois que c'est tout simplement l'art de se
haïr sans haine et de se mépriser sans cause.

D. La politique se divise-t-elle en plusieurs
genres?

R. Oui, en deux genres principaux : la politique
des partis et la politique des intérêts.

D. Qu'est-ce que la politique des partis?

R. C'est celle qui consiste à demander des
places.

D. Et la politique des intérêts?

R. Celle qui tend à supprimer ou à diminuer les
places.

D. Combien compte-t-on de partis à Paris?

R. On ne peut pas les compter, mais ils peuvent
se résumer en trois espèces.

D. Qui sont?

R. Le parti qui fait des coups d'État, le parti qui les laisse faire, et le parti qui n'en veut pas.

D. Quel est le meilleur parti?

R. Celui qui fait le moins de promesses.

D. A quoi reconnaît-on un homme *de parti?*

R. A sa croyance absolue en lui, au doute qu'il manifeste envers ceux qui croient comme lui.

D. Un homme de parti est donc un homme sincère?

R. A Paris, presque toujours.

D. Pourquoi à Paris, plutôt qu'ailleurs?

R. Parce que Paris est la ville où l'on mêle le plus d'idées à ses passions, et le plus de passions à ses idées.

D. Paris est-il infaillible en politique?

R. Non; mais c'est le pays où l'on réussit le mieux ce qui est mal, où l'on fait le moins maladroitement ce qui est bien.

D. Quels sont les hommes politiques parisiens qu'il faut prendre au sérieux?

R. Ceux qui n'ont pas peur de laisser rire.

D. Mais les hommes constamment graves?

R. A Paris, ce sont des malades, des sots, des hypocrites ou des sauteurs.

D. Qu'entendez-vous par ce mot de sauteur?

R. L'acrobate académique, qui est parfois un véritable académicien; pour qui la politique est une corde raide, et l'opposition un tremplin.

D. L'acrobate politique a-t-il de la sincérité?

R. A Paris toujours. Il croit sincèrement à ses jarrets et à la bêtise du public.

D. Quels sont les caractères extérieurs du sauteur?

R. Une façon de porter sa tête comme un poids de cent kilos, d'arrondir les périodes comme un cercle en papier à travers lequel il doit passer, de marcher comme s'il était sur la corde, et de se baisser, de peur de se cogner le front, sous la porte Saint-Denis.

D. Quelle influence ces acrobates exercent-ils sur Paris?

R. Ils l'amusent, le font flâner et perdre son temps, par l'espérance de les voir se casser les reins.

D. Cet espoir se réalise-t-il souvent?

R. Par bonheur, toujours; mais, par malheur, ils ne se cassent jamais les reins sans écraser quelques spectateurs.

D. Est-ce que les sauteurs ne se reconnaissent que quand ils sont au pouvoir, ou quand ils sont tombés?

R. Non, car il est des sauteurs qui n'arrivent jamais au tréteau et qui font la culbute sur le pavé.

D. Ceux-là ne sont pas à redouter?

R. Plus, ou du moins autant que les autres; car ils en sont les alliés, les précurseurs, et, exploitant la curiosité en détail, préparent l'exploitation générale.

D. Pouvez-vous en indiquer quelques-uns?

R. Il y a d'abord le *bohème*, le parasite de toutes

les tables politiques, qui ramasse les nouvelles à sensation, qui amplifie les riens, qui pérore, prédit, offre sa protection à tout venant, reste misérable, mais se fait une existence heureuse de sa misère doucement admirée.

Il y a le *pontife*, l'oracle, le survivant des luttes civiques, l'homme qui a toujours droit à la meilleure place, lors de l'inauguration d'un ministère nouveau, et qui ne l'obtient jamais, victime des coteries, après l'avoir été des gouvernements.

Il y a le *béat*, admirant toujours quelque chose d'impossible, sentencieux, enthousiaste, lyrique, décourageant toutes les bonnes volontés par l'idéal qu'il colporte.

Il y a l'*enragé*, le patriote fiévreux, furieux, *pratique*, qui s'étonne toujours de ne pas sentir bouillonner les veines des autres, qui voudrait armer tout le monde, et qu'on désarme avec une sous-préfecture.....

Il y a encore beaucoup d'autres sauteurs, plus ou moins ingambes, politiques à cloche-pied, coulissiers du monde politique, missionnaires de la baisse ou de la hausse, grapilleurs du budget des budgétaires, vermines de la tête de Paris.

D. Qu'appelle-t-on à Paris une conviction?

R. Le courage de toutes les sottises, pour prouver son infaillibilité.

D. Qu'est-ce qu'une concession?

R. La vente à réméré d'une partie de ses convictions.

D. Qu'est-ce qu'un opportuniste ?

R. Un homme prudent qui regarde sous son lit avant de se coucher.

D. Un radical ?

R. Un homme défiant qui ne se couche pas.

D. Un intransigeant ?

R. Un mur.

D. Un conservateur ?

R. Une borne.

D. Qu'est-ce qu'un révolutionnaire parisien ?

R. Un homme qui veut vivre deux jours en vingt-quatre heures.

D. Qu'entend-on par *fermer l'ère des révolutions?*

R. Taper si fort sur la bonde d'un tonneau qu'on en fend le bois.

D. Qu'est-ce que l'ordre moral ?

R. De la guimauve à l'arsenic.

D. Qu'est-ce que monter au pouvoir?

R. Abuser de son estomac.

D. En descendre?

R. Aspirer à dîner tranquille.

D. Qu'est ce que la toute-puissance ?

R. Un bout de fusée qui n'a plus qu'à s'éteindre.

D. Qu'est-ce que la popularité ?

R. Des mains qui claquent l'une contre l'autre, avant de vous claquer sur les joues.

D. Qu'est-ce que la gloire politique ?

R. Comme toute gloire, le droit d'être insulté par le premier venu.

D. Qu'est-ce que l'idéal en politique ?

R. L'absence de politique.

D. Paris a-t-il une politique?

R. Paris a de tout, même de l'idéal.

D. Quelle est aujourd'hui l'opinion dominante à Paris?

R. Paris est un être complet, qui veut vivre complétement et n'entend être gêné par rien, ni par personne. C'est une ville à la poitrine forte qui ne veut pas de corset.

D. Est-il vrai que Paris soit intraitable?

R. Paris entend n'être traité d'aucune façon.

D. Où Paris exprime-t-il ses opinions?

R. Partout : dans la rue, dans les familles, dans les établissements publics.

D. Comment parle-t-on politique dans la rue, puisque les rassemblements sont interdits?

R. Deux Parisiens qui causent valent un meeting de 2,000 hommes.

D. Quand parle-t-on politique en famille?

R. Quand on dîne avec son beau-père, sa belle-mère ou son gendre.

D. Dans quels établissements publics traite-t-on de matières politiques?

R. Dans les cafés.

D. Est-il utile d'aller dans ces cafés?

R. Oui, si la consommation dédommage des consommateurs.

D. A quoi reconnaît-on un café politique?

R. A son peu de clientèle.

D. Paris peut-il être décapitalisé?

R. Non, pas plus qu'il ne peut être crétinisé.

D. Quelle est la meilleure forme de gouvernement ?

R..

***

Il paraît que la dame qui a écrit ce catéchisme, a été interrompue avant d'avoir formulé sa dernière réponse. On peut supposer qu'elle eût dit :

— C'est la République.

Prends, mon hôte, de ces définitions ce qui te convient, et suppose que le reste est une plaisanterie, un paradoxe, une minauderie. Paris est femme, je le répète ; la politique n'y vit pas sans des airs et des tromperies de Célimène ; mais dans ses erreurs, dans ses trahisons, la politique parisienne reste aimable. Alceste n'a jamais fini de la maudire, mais ne finit jamais de l'adorer.

IX

PARIS OFFICIEL

As-tu besoin de connaître ce monde-là?

Le sage ne refuse aucune science, et nul étranger ne peut être certain, en mettant le pied dans Paris, de n'avoir pas affaire, pour une réclamation, pour une injustice à réparer, pour un passe-droit à obtenir, pour sa liberté à garantir contre tel ou tel piége, pour un renseignement, pour une dépravation de sa curiosité, à cet être qui est Français par essence, sans devenir jamais tout à fait un Parisien, fût-il né à Paris, et qu'on appelle un fonctionnaire.

On a cru longtemps que le fonctionnarisme était une vocation de naissance; qu'on naissait fonctionnaire, comme dans certaine île de Gulliver on naissait avec une tare au visage qui vous désignait à l'immortalité, et comme on naît lymphatique, idiot ou sanguin. De récentes études ont démenti cette théorie. L'absence de vocation pour quoi que ce soit est le premier signe de la vocation d'un fonctionnaire ; un peu de faiblesse dans l'esprit ne nuit pas ; beaucoup de vanité y sert considérablement, et il est de notoriété publique que la médiocrité fait arriver à tout.

De même que pour devenir académicien, c'est-à-dire un fonctionnaire du Parnasse, il est plus nécessaire de faire des visites que de faire des livres, de même pour entrer dans cette légion des six cent mille fonctionnaires français, il faut demander la place, sans se préoccuper de la mériter.

***

La Révolution française, qui a déclaré l'égalité des citoyens devant la loi, a surtout fondé l'égalité des Français devant les places.

Autrefois, du temps de Richelieu, par exemple, il fallait une certaine imbécillité blasonnée et une coquinerie native pour être apte à un grand emploi. Le cardinal-ministre disait :

« Il ne faut pas se servir des gens de bas-lieu ; ils sont trop austères et trop difficiles. »

Aussi le moindre emploi exigeait-il qu'on fût noble.

Louis XIV se sentait tellement au-dessus de l'humanité, qu'il comprenait l'égalité au-dessous

de lui. Il se servit ostensiblement de quelques rotu-
riers; mais il les méprisait comme de parfaits gen-
tilshommes.

« Quand je donne une place, disait-il, je fais qua-
rante-neuf jaloux et un ingrat. »

Depuis la Révolution française jusqu'à l'Empire,
il y avait en France des citoyens; à partir du règne
de Napoléon, il n'y eut que des fonctionnaires et des
administrés.

Déjà, sous la République, l'amour des fonctions se
signalait avec une certaine violence. Dans ses mémoires, le comte Miot de Melito raconte l'aventure
d'un ministre de la guerre qui, destitué de sa grande
fonction, essaya de se maintenir au ministère, en
réclamant des fonctions moindres, et qui, de dégringolade en dégringolade, en vint à pétitionner pour
une place de garçon de bureau. Il était résigné à
tout, plutôt que de renoncer à la douce joie d'être
fonctionnaire.

Être quelque chose, c'est pour le Parisien, qui
est la quintessence du Français, beaucoup plus
attrayant que d'être quelqu'un. La dignité personnelle exige des principes et de la conscience; la
dignité conférée par décret ou par ordonnance
n'oblige qu'à de la tenue; or la tenue rentre dans
les vertus faciles au premier Parisien venu.

Je voudrais bien dans ces notes légères ne pas parler d'une époque effroyable et tragique entre toutes, de la Commune ; mais elle eut un côté trop grotesque pour qu'il reste oublié.

Cette orgie d'égalité fut un feu d'artifice de fonctionnaires. Jamais il n'y en eut tant, et jamais ils ne furent si bien décorés, costumés, galonnés. C'est à croire que la Commune fut une exhibition de costumes, organisée par les tailleurs que la chute de l'Empire réduisait à la confection des habits noirs.

Comme l'habit, qui ne fait pas le moine, fait le fonctionnaire, les administrateurs de fantaisie improvisés par le 19 mars, furent les administrateurs les plus entichés de leurs fonctions.

Voici un trait parmi beaucoup d'autres.

Le bureau de la presse était occupé, comme tous les bureaux des ministères, et l'on devait croire que, de toutes les fonctions reprises au gouvernement de Versailles, celles qui concernaient la presse seraient les moins exercées ; au contraire, jamais, sous aucun régime, la rigueur appliquée à la presse ne fut plus minutieuse, plus paperassière, plus exigeante. Quand les journaux n'étaient pas déposés à l'heure prescrite au ministère, les jolis fonctionnaires galonnés sur toutes les coutures se courrouçaient, comme de simples fonctionnaires de l'ancien régime, et menaçaient de supprimer les tributaires qui n'apportaient pas l'impôt quotidien.

Le comique de toute révolution, en France, sera

toujours le fonctionnaire du lendemain ou du jour venant supplanter le fonctionnaire de la veille.

La première chose prise au sérieux dans un bouleversement, c'est l'uniforme, on devrait dire la livrée. La place s'adapte ensuite comme elle peut au fonctionnaire.

Je te révèle là, mon hôte, une des infirmités de la France et un des bobos de Paris. A Paris, en effet, rien n'est aussi sérieux qu'ailleurs ; parce que la bonne humeur parisienne corrige, mitige, contient et punit la morgue des fonctionnaires. On les souffre partout ; on les fait souffrir autant qu'on peut à Paris, sans cesser un seul instant de les subir.

****

As-tu remarqué, mon hôte, dans les vieilles églises, ces buffets d'orgue superbes, qui s'étalent majestueusement au-dessus d'un porche, ou d'une chapelle? Ils ont des tuyaux de toutes les dimensions, par lesquels le son passe, siffle ou gronde. De chaque côté, aux deux extrémités, des cylindres gigantesques étourdissent l'imagination, même dans le silence, par la prévision des tonnerres qui doivent jaillir de ces canons dressés, véritables canons de l'Église, symbolisant les canons spirituels.

Eh bien, l'administration en France est un peu construite, composée comme un buffet d'orgue ; les plus gros tuyaux sont ceux qui servent le moins.

Le clavier est complet; mais l'appareil extérieur a
des superflus gigantesques: chaque note joue sa
partie, pour la plus grande gloire de jeter un souffle
sonore dans l'air, et derrière la grande machine,
hurlante, tonnante, sifflante, miaulante, imposante,
le malheureux contribuable élève et abaisse un souf-
flet qui fait passer du vent dans cette majestueuse
mécanique.

**

Si tu es d'un pays où les orgues sont inconnues,
je puis t'offrir une autre comparaison.

Il doit y avoir un confiseur ou un pharmacien
dans ta ville, dans ta bourgade natale; et l'homme
qui vend des sucreries, comme celui qui débite des
drogues, a des bouteilles emplies de toutes sortes de
liqueurs colorées, dans ses vitrines, sur ses étagères.

Tu ne te laisses pas prendre à ces trompe-l'œil;
tu sais bien que toutes les fioles ne contiennent pas
le poison bienfaisant ou la liqueur corruptrice; tu
te doutes des eaux simplement colorées.

Bien des fonctionnaires en France sont des tuyaux
sonores et vides, ou des fioles trompeuses; mais,
pourvu qu'ils figurent dans le jeu d'orgue, ou qu'ils
reçoivent un jet de lumière sur l'étagère, ils se con-
solent de ne valoir rien, de ne servir à rien, enchantés
de faire nombre et de faire mine.

***

Comme les affaires humaines, si compliquées qu'elles soient, ne suffisent pas à occuper une armée de fonctionnaires, on fait passer la besogne par toutes sortes de rouages, et on force le solliciteur à multiplier ses démarches, pour entretenir le prestige de cet univers factice et de cette machine compliquée.

Dickens, dans un de ses romans, *la Petite Dorit*, je crois, parle du ministère des *circonlocutions*. En France, tous les ministères sont des labyrinthes; quant aux circonlocutions, c'est le moindre des défauts de l'administration. On y parle peu, on y parle mal ; encore faut-il solliciter, pour obtenir la faveur d'un mot même impoli.

Veux-tu savoir par quelle filière peut passer la moindre demande?

Voici à ce sujet une anecdote parfaitement authentique.

Il y a quelques années, une société de tireurs suisses, voulant aller à un concours de tir en Allemagne, sollicita de la Compagnie du chemin de fer de l'Est la faveur de places à prix réduits, pour passer par les chemins de fer français, plutôt que de prendre le chemin de fer allemand qui longe la rive droite du Rhin.

La Compagnie de l'Est s'empressa de répondre gracieusement qu'elle allait transmettre la demande à son ministre immédiat, le ministre des travaux publics.

Je passe déjà quelques petites formalités préalables.

Après trois ou quatre jours, le ministre des travaux publics déclara avec bonne grâce qu'il accorderait très-volontiers l'abaissement du tarif, mais qu'il devait en référer à son collègue, le ministre de l'intérieur, puisqu'il s'agissait du passage d'étrangers en corps dont l'identité devait être constatée et affranchie des indiscrétions des gendarmes.

Le ministre de l'intérieur, non moins gracieux que le ministre des travaux publics, répondit, sans tarder, c'est-à-dire après quatre jours, qu'il serait heureux d'accorder un laissez-passer aux tireurs suisses; mais qu'il devait prendre l'avis du ministre es finances; car les tireurs suisses voyageraient avec .eurs provisions et leurs munitions, et la douane devait être prévenue, pour qu'elle n'imposât pas de droits et de formalités gênantes aux émules de Guillaume Tell.

Le ministre des finances n'avait aucune raison d'être moins aimable que le ministre de l'intérieur, que le ministre des travaux publics et que le conseil du chemin de fer de l'Est; seulement, en promettant son gracieux visa, il fit des réserves pour M. le ministre de la guerre; car les tireurs seraient munis de poudre, de cartouches, d'armes de guerre, et il fallait une autorisation spéciale pour que ces engins pussent avoir la facilité du passage.

Le ministre de la guerre eut la même bonne

volonté que le ministre des finances, le ministre de l'intérieur, le ministre des travaux publics; il signa la demande.

Je ne sais trop s'il ne fallut pas aussi un sourire du ministre du commerce.

Enfin, quand cette demande, après une série de stations aux cataractes du gouvernement, revint à la Compagnie de l'Est et fut transmise par celle-ci à la Société de tir, il y avait six jours que le tir était terminé et douze jours que les tireurs suisses, désespérant de rien obtenir du fonctionnarisme français, avaient pris le chemin de la rive droite du Rhin pour se rendre au rendez-vous.

Tu comprends bien, mon hôte, que chaque fragment d'une machine si compliquée et si encombrante a le sentiment de sa valeur et tient à le faire constater tous les jours.

Le plus fier des employés, ce n'est pas celui qui est au sommet. Celui-là, dépendant toujours un peu de l'opipion, la ménage, quand il ne peut la museler; c'est lui qui a le bénitier et le goupillon. Mais, l'eau bénite s'arrête au cabinet du président, du ministre, du directeur; on n'est jamais mal reçu, quand on est reçu par le chef de l'État, quel qu'il soit, ou par un ministre; mais on n'est jamais bien reçu par un chef de bureau.

L'employé de second ordre, plus ennemi du maître que le public, semble toujours courroucé contre les illusions de ce dernier, assez naïf pour croire à la sollicitude, à l'intérêt, à l'activité de l'administration.

Il mord, pince, ou aboie, pour dénoncer le tyran qu'il sert et en dégoûter les autres; heureux s'il pouvait décourager les solliciteurs à ce point qu'aucun d'eux ne fût jamais tenté de revenir le tourmenter, c'est-à-dire troubler les somnolences de sa digestion, la digestion de ses lectures et le soin qu'il accorde à ses ongles, dans ces heures paresseuses où il se repose de sa fainéantise.

*
* *

L'employé à Paris est un homme correct d'allure, correct de mise, sans qu'il se pique beaucoup ordinairement de suivre la mode. La routine est une flatterie à l'immobilité, et le seul travail d'un employé d'élite consiste à respecter la routine.

Évidemment, on rencontre dans le monde des meneurs de cotillon aimables, qui ont le gilet en cœur, le cœur aussi ouvert à tout venant que le gilet, et quand les mères de filles à marier s'inquiètent de la position présente ou future de ces élégants, on n'est pas surpris d'entendre dire qu'ils sont attachés à un ministère, aspirants à un poste diplomatique, à une sous-préfecture. Ce sont les papillons du fonctionnarisme, mais ils ne feront jamais de chrysalides; on les mariera quelque jour; ce sera leur fonction nouvelle. Ils deviendront des hommes importants dans le monde, c'est-à-dire importuns. Le monde est rempli de sots qui semblent des fonctionnaires en rupture de bureaux et qui exhalent la nostalgie d'une fonction perdue qu'ils n'ont jamais possédée.

Le monde officiel à Paris se compose des hommes politiques que la faveur de l'opinion publique, ou une majorité met à un poste éphémère, et des hommes voués par tradition, par ambition continue au fonctionnarisme.

Les premiers sont aimables par diplomatie, les seconds, je le répète, sont rogues, par besoin de dignité conquise.

Ah! mon hôte! Que le ciel de ta patrie, t'envoyant des brises jusque sous le ciel de Paris, te préserve d'avoir à faire antichambre chez un ministre, ou d'avoir à démêler quoi que ce soit avec son plus humble chef de bureau!

Il est d'usage que MM. les sénateurs et les députés, à quelque moment d'une audience attendue qu'ils se présentent, passent avant tous les solliciteurs inscrits.

C'est une déférence pour les élus du suffrage universel. Il me paraîtrait plus logique et plus décent que les élus ne prissent jamais le pas sur les électeurs.

Un député, un sénateur a mille moyens de rencontrer un ministre, à la Chambre, dans les commissions. Le solliciteur, qui prend sur son travail, sur sa vie, pour attendre trois ou quatre heures dans une anti-chambre le sourire qui dorera son pain, n'a que cette occasion unique, espérée depuis longtemps, attendue avec angoisse; pourquoi lui rogner la part de miel que la bienveillance du ministre doit lui donner, ou le forcer à garder pendant quelques heures de plus des illusions qu'il serait urgent de lui faire perdre?

Ne te semble-t-il pas souhaitable qu'un sénateur ou un député n'ait pas de privilége en dehors de sa fonction spéciale, et redevienne un simple citoyen quand il n'est plus qu'un simple quémandeur?

**
**

Arme-toi donc de patience, ô mon hôte, si tu attends d'un ministre ou d'un haut fonctionnaire une parole qui te rassure ou qui te désespère, et crains d'être rebuté, si l'on t'accueille avec trop de bien-veillance.

Un jour, un solliciteur, naïf et honnête, comme tu dois l'être, se présente devant un chef de division, lui explique son affaire et lui remet une note à l'appui de sa demande.

Le fonctionnaire écoute; puis, après avoir écrit

quelques mots sur un coin de la note, enlève l'autre coin d'un coup de ciseau.

— Voyez-vous, dit le fonctionnaire au solliciteur, il passe tant d'affaires par nos bureaux, que je dois par un signe indiquer à mes subalternes que l'affaire m'intéresse particulièrement.

— Et ce signe?

— C'est le coup de ciseau que je viens de donner et qui dit : affaire à enlever !

Le solliciteur, ravi, se confond en remercîments, et part la joie au cœur.

Le temps se passe. Rien n'arrive. Au bout de six semaines, notre ami retourne au ministère; il ne peut voir le chef de division ; il doit se contenter d'une audience du chef de bureau, qui l'écoute avec intérêt.

Pendant la conversation, un garçon entre et remet au chef de bureau une note dont un coin a été enlevé par un coup de ciseau.

Sans mot dire, le fonctionnaire jette cette note au panier, et comme il surprend un regard interrogateur du patient :

— Vous comprenez, — lui dit-il, avec une imitation parfaite du ton et de l'air de son chef de division, — il passe tant d'affaires par nos bureaux, que nous nous indiquons les uns aux autres, par un signe, celles qui n'ont pas d'importance.

— Et ce signe?

— C'est ce coup de ciseau, qui veut dire : affaire *rasée!*

Le solliciteur sortit édifié, et, depuis ce jour-là, il ne sollicite plus.

****

Rappelle-toi, mon hôte, que si la vérité était exilée des rues de Paris, ce n'est pas dans un ministère, fût-il à Versailles, qu'elle se réfugierait.

Rappelle-toi aussi que l'insolence croît à mesure que la fonction descend. Les ministres sont gentils et gracieux comme des néophytes; sont-ils en effet jamais certains d'être arrivés?

Le personnage imposant, gourmé, presque brutal, sera le fonctionnaire qui tient le milieu de la hiérarchie; celui qui t'éconduira férocement, est certainement le dernier de l'échelle, qui sait? le garçon de bureau.

****

Paris qui a l'inconvénient du fonctionnarisme, en a le correctif dans sa gaieté, dans son ironie et dans sa connaissance de tous les hommes en place. Il rit de ceux qui le font poser et se venge de leur solennité par les souvenirs de l'estaminet où il a vu la fumée de leur cigare, avant la fumée de leurs thuriféraires.

La seule vertu ou la seule superstition qu'il soit impossible de donner à Paris, c'est celle du respect pour l'habit brodé, qu'il aime comme détail pittoresque, dont il se moque comme fétiche.

Souviens-toi que le Français, amoureux de la pompe et du décor, n'a cependant de fanatisme que pour les héros en débraillé.

C'est une hérésie d'avoir mis sur la colonne Vendôme un Napoléon habillé comme Talma, pour rappeler le souvenir de l'homme à la redingote grise. M. Thiers a été populaire, après Lafayette, parce qu'il restait un bourgeois dans son costume et dans son allure, et qu'il ressemblait même un peu à Joseph Prudhomme.

Le jour où celui qui fut Napoléon III, et qui n'était alors que le prince Louis Bonaparte, imagina un costume militaire de président de la République avec un chapeau à la Henri IV et un panache de marchand de coco, on se moqua de lui. Il fit le 2 Décembre pour faire taire les rieurs; cette fois il réussit.

Je t'ai mis en défiance du Paris officiel qui officie. Je n'ai pas de conseils à te donner pour les soirées du Paris officiel qui s'amuse. Des bals quelconques, où les femmes ne risquent aucune toilette neuve, où les hommes chamarrent leurs vieux habits, où la République sert des sorbets dans des tasses marquées au chiffre de Louis-Philippe et avec des cuillères timbrées d'une aigle impériale: un luxe qui ne cesse d'être banal que pour devenir prétentieux ; l'ennui d'une foule implacable, qui vient pour être vue et qui ne voit personne ; le sentiment d'un isolement profond dans un désert touffu d'égoïsme, la seule vanité d'entendre son nom écorché avec éclat par un huissier qui semble vous dénoncer plutôt qu'il ne vous annonce ; voilà, mon hôte, ce qui t'attend dans une soirée officielle.

***

Iras-tu à Versailles ? Assisteras-tu à une séance du Sénat ou de la Chambre des députés ? Méfie-toi ! Rarement la représentation donne ce que le programme promettait. L'Anglais qui voulait voir le dompteur mangé par ses lions serait continuellement déçu à Versailles ; on s'y montre les dents, on s'y mord, mais on ne s'y dévore jamais. C'est agaçant de provocations, et insipide d'innocence. Les fauves y sont des baudruches gonflées, et pour les peloter une pelote d'épingles suffit aux gladiateurs habiles.

Ne te dérange donc pas. Si tu veux évoquer la France parlementaire, va voir le Palais-Bourbon resté vide à Paris. Tu y trouveras de grandes ombres qui gardent la place, d'admirables peintures de Delacroix qui attendent des contemplateurs et une tribune qui espère le retour des orateurs parisiens égarés dans la banlieue.

X

PARIS QUI S'AMUSE

— S'amuse-t-on toujours à Paris?

Telle est la question que le Russe, l'Allemand, le Belge, l'Italien, adresse à tout Parisien qu'il rencontre à l'étranger.

L'Anglais seul s'abstient d'interroger ; il lui est plus facile de venir voir par lui-même. Il a d'ailleurs une façon si particulière de déguster Paris, que la réponse d'un Parisien pourrait le choquer.

Oui, on s'amuse, on s'amusera toujours à Paris. Il faudrait démolir, brûler, labourer ce cirque de l'univers; il faudrait y ramener la mer; il faudrait enfouir sous des siècles cette terre palpitante pour l'éteindre, et encore je crois que la lave, contenue mais non refroidie, rejaillirait après des millions d'années.

***

— Est-ce donc le cratère de Sodome ou de Gomorrhe que cette fournaise?

Non. C'est à peine si M. Veuillot, une des gaietés de Paris, oserait aujourd'hui l'appeler la Babylone moderne!

Les vieux clichés, les comparaisons antiques, les anathèmes renouvelés du déluge, n'ont plus de prise sur la justice du monde entier. On ne peut calomnier Paris qui reste, en dépit de tout, souverainement beau, souverainement aimable.

Quelques bonshommes, perclus de préjugés, ont essayé de mettre Paris hors la loi humaine ; ils ont fait insérer dans la Constitution nouvelle qu'il y avait antipathie nationale entre la France et Paris.

Paris a ri au nez de ses proscripteurs ; la France a désavoué cet exorcisme ridicule, et les prêcheurs eux-mêmes, convertis par l'irrésistible attraction, viennent s'amuser clandestinement à Paris, d'où ils n'ont exilé que l'ennui.

***

Le plaisir de Paris est la bonne humeur d'une cité héroïque. On l'a bien vu pendant le siège, quand il riait à la misère et narguait le bombardement.

Cette ville, que l'on croyait par-dessus tout cynique, effrontée, lâche, sensuelle, devint, du jour au lendemain, modeste et coquettement puritaine. Elle faisait gentiment *queue* à la porte des bouchers, pour expier la *queue* faite à la porte des théâtres. Elle éteignait sa bougie à neuf heures; elle n'allait plus au café; elle rentrait décemment pour lire le journal du soir. Sur cette gorge nue que Tartufe n'osait regarder en face et qu'il foudroyait de côté, elle avait posé une armure; les actrices s'étaient faites vivandières, et les *gommeux*, qu'on appelait encore des gandins, les suivaient toujours.

C'était alors le plaisir de Paris d'être chaste, simple, bourgeois, patriote et continent. Cette vieille cité de Voltaire faisait les miracles du voltairianisme : elle fabriquait du beurre avec de la pommade et des soldats avec des petits crevés.

Mais elle riait toujours; à moins qu'il ne lui vînt aux yeux des pleurs sublimes, aussi heureux pour son courage, que ses rires intrépides.

Les théâtres s'entr'ouvraient, quand on avait besoin de fondre des canons. On avait fait taire l'opérette; Beethoven seul exhalait ses symphonies. Les comédiens les plus grands venaient, en uniforme, attendrir les cœurs par la lecture de vers superbes. On donnait des visions sublimes à la fièvre de la faim, et Paris, qui mangeait par à peu près, digérait dans l'idéal.

Ceux qui n'ont pas vu comment Paris *s'amusait* pendant le siége, ne peuvent assez estimer ni assez comprendre le génie de cette ville dont on devrait refaire les armoiries.

Je voudrais partager l'écu municipal : d'un côté le navire insubmersible, de l'autre une épée et une marotte, avec un pigeon voyageur planant dans le ciel bleu.

****

A Paris, le plaisir n'est jamais la débauche. Il s'y mêle trop d'esprit pour qu'il n'y fermente pas toujours de la fierté.

Cet enchantement des yeux, de l'oreille, du goût, de l'imagination allége tous les sens, en leur donnant des ailes.

Je ne prétends pas qu'on ne puisse s'amuser dans toutes les capitales de l'Europe, et dans toutes les parties du monde. Chaque race a son plaisir national.

Ici l'on chasse au renard ; là on reste attablé devant les brocs ; de ce côté, on rêve au soleil ; plus loin on paresse à l'ombre ; partout on aime, on trompe, on est trompé. Mais le plaisir de Paris a l'activité d'une chasse, le piquant de l'ivresse avec la fumée des bons vins, l'ardeur et la langueur d'un rêve, le charme de l'amour, et à ce résumé de tous les plaisirs du monde, il ajoute un plaisir spécial, cet épanouissement parisien qui tient à la respiration dans une atmosphère où l'esprit éternel fait flotter ses atomes.

**

Voyons, mon hôte; qui es-tu? d'où viens-tu?
Quels sont tes désirs, tes besoins, tes forces? As-tu
le soupir gonflé d'une jeunesse sévère? As-tu la
fatigue d'une volupté précoce? Es-tu d'humeur folâtre?
As-tu Minerve dans ton cerveau, ou Vénus accroupie
sur tes reins? Veux-tu rire jusqu'au spasme? Veux-
tu pleurer? Veux-tu dormir, éveillé, dans ce som-
nambulisme des Anglais que l'on frôle sur les
boulevards? Veux-tu exaspérer tes nerfs jusqu'à la
frénésie? Selon ta réponse, tu seras servi.

Parle! choisis! Paris-Protée se transformera à
ton gré. Commande! et la ville merveilleuse, mieux
que la lampe d'Aladin, te donnera l'esclave qui réa-
lisera ton souhait.

Ce que cela te coûtera, je te le dirai plus tard.
Sois sans crainte d'ailleurs. A Paris, il y a autant de
plaisirs à prendre gratis que de plaisirs ruineux. Ils
alternent, ils se mêlent. Être à Paris, s'y promener,
c'est déjà un plaisir.

Les théâtres sont la grande, la première attraction parisienne. De même qu'en France les auteurs
dramatiques sont les écrivains les plus choyés, les

plus vite acclamés et enrichis, de même en l'Europe, de loin, le plaisir parisien apparaît surtout comme le flamboiement d'une façade de théâtre.

Je constate le fait. J'aurais peut-être, si nous faisions de la statistique intellectuelle ou de la philosophie, à regretter la prépondérance abusive du théâtre sur la bibliothèque; mais nous parlons de plaisir, et il est certain que les auteurs dramatiques sont, à Paris, des amuseurs sans comparaison.

Paris-théâtre, c'est Paris conquérant. Le maréchal de Saxe emmenait en guerre la troupe de Madame Favart, Napoléon datait de Moscou le décret qui réglait les destinées du Théâtre-Français, et l'on se souvient de l'hommage qu'il fit à Talma d'un parterre de souverains.

Quand, vaincu et se sentant pour jamais précipité du trône, l'Empereur s'enferma à la Malmaison, il défendit sa porte, refusa même les embrassements de sa famille. Il ne fit qu'une exception pour le grand comédien de son règne. Il voulait ôter son masque devant lui; et, après avoir dit adieu à Talma, il sortit du théâtre de ce monde, pour aller mourir à Sainte-Hélène.

Aimes-tu la musique? Paris t'en servira à toute heure, sous toutes les latitudes et de toute qualité.

Ce n'est pas que Paris soit musicien. La musique

lui plaît comme assaisonnement ; il ne l'aime pas pour elle seule. Il lui faut, dans le meilleur opéra, autre chose que des symphonies et des mélodies, pour qu'il s'amuse. La pièce, l'intrigue lui est nécessaire.

La véritable opinion du Parisien sur la musique, je vais te la confier à l'oreille ; voici la formule :

La musique n'existe pas, c'est un bruit qu'on fait courir.

Mais ce bruit fermenté complète les vibrations de l'atmosphère. Paris, d'ailleurs, est le Conservatoire de la femme, et la femme ne peut pas se passer de la musique. C'est la religion de ses nerfs.

Voilà pourquoi, mon hôte, nous avons un bel Opéra sur le fronton duquel on a écrit : *Académie de musique,* bien qu'on ne trouve à l'intérieur ni académicien, ni rien d'académique, et pourquoi on a écrit aussi, sur un des côtés : *Poésie lyrique,* en assimilant par hyperbole le tapage rhythmé des musiciens aux strophes de Lamartine et de Victor Hugo.

Si l'on pouvait canaliser la musique, comme on a canalisé le gaz ou l'eau, on aurait dans Paris, à tous les coins de rue, dans toutes les maisons, à tous les étages, des robinets mélodieux pour servir aux passants et aux locataires leur ration quotidienne de bruit.

A Paris, on boit, on mange, on fume, on prie, on patine, on vit, j'allais dire on meurt en musique.

L'Opéra, l'Opéra-Comique, les Italiens, le Théâtre-Lyrique, les églises, les Bouffes, la Renaissance, le théâtre des Variétés, les cafés-concerts, les casinos, les skatings... Partout la musique.

Il est vrai que si elle fait le bonheur des Parisiens, la musique, surtout la musique grave, ne fait pas la fortune de ceux qui l'exploitent.

Sans son escalier, l'Opéra serait en perte. L'Opéra-Comique vit de privations ; le Théâtre-Lyrique, mort hier d'inanition, essaye de ressusciter aujourd'hui, pour mourir demain. Le Théâtre-Italien se tord, comme Laocoon, dans des difficultés qui l'étreignent, et si les *bouisbouis*, les cabarets à musique font des recettes, c'est malgré la musique, c'est parce qu'elle est d'un goût douteux et qu'on y chante faux.

***

Tu iras donc à l'Opéra, même si tu as déjà vu l'escalier, qu'on peut revoir deux fois. Ce n'est pas toujours par l'Opéra que les étrangers commencent, et l'on sait que des souverains, ou leurs fils, emploient souvent la diplomatie à retenir des places au théâtre des Variétés, pour leur arrivée à Paris.

Faut-il te prévenir des trucs, des piéges, des exploitations qui attendent l'amateur étranger au bureau de location, devant les marches du théâtre, à l'angle des rues voisines ? Je n'ai qu'un conseil à te donner : défie-toi des billets qu'on t'offre à prix réduit, même à prix égal, même à prix supérieur. Ne te laisse pas intimider par la menace d'une salle remplie : n'accepte pas d'être toléré comme un superflu. Tu es le nécessaire des directeurs de théâtres ; seulement, ils ne veulent pas en convenir.

Sois aimable avec l'ouvreuse. Ouvrir est la plus douce fonction humaine ! Il y a toujours un peu d'espoir à espérer d'une porte qui s'ouvre. C'est un élargissement de l'horizon, si petit qu'il soit, une percée sur l'inconnu. Souris donc à l'ouvreuse ! C'est peut-être une gloire évanouie, une beauté repentie, une mère de famille, chère aux muses ! Ne lui refuse pas ton paletot ! Ne la fais pas rougir de ton pourboire mesquin. Laisse-la t'offrir le programme, même quand il n'a pas le spectacle du jour. Qui sait si elle ne t'offrira pas des fleurs pour la *prima donna*, pour l'actrice de ton goût, et si elle n'a pas dans sa poche la clef des coulisses !

*_**

Les coulisses ! voilà le spectacle réservé, la représentation de gala, le rêve de l'étranger, l'initiation suprême !

Hélas ! tiens-toi à l'aspect banal, au spectacle extérieur ! Tous les envers sont des envers. Les jardins d'Armide sont doublés d'affiches, et les palais des fées abritent des pompiers, des machinistes. Si le sexe à qui tu dois ta portière, sa fille, et le poëme de Legouvé, enflamme ta curiosité, ferme les yeux en entrant dans les coulisses; souhaite de devenir myope; tiens ton cœur, et peut-être ton nez.

M. Veuillot, qui se connaît en mauvaises odeurs, nous a précédés l'un et l'autre dans ces vilains endroits. Il a consigné le résultat de ses observations dans un livre qu'on ne lit guère, mais que j'ai lu, et voici ce qu'il dit des nymphes, abritées par les *portants* des décors :

« Des cagneuses, des mafflues, des pansues, des voûtées, des osseuses, impudentes et gauches, ne sachant ni marcher, ni se tenir. O effroyable déformation de la grue déplumée, ô grouillement formidable d'où s'échappent des odeurs de soupente! »

N'attribue pas ces silhouettes méchantes à de la rancune. M. Veuillot n'a rien à reprocher aux comédiens.

***

Quels théâtres te recommanderai-je? Tu les connais tous par leurs noms.

Après le Théâtre-Français, qui garde le premier rang, qui s'est peut-être élevé par son respect pour les maîtres, et par le soin qu'il met à accueillir les modernes, après l'Odéon qui reçoit la subvention de second Théâtre-Français, tu sais que le rire franc et français, sans réticence, sans bégueulerie, le rire salutaire, éclate toujours au théâtre du Palais-Royal.

Il est plus intermittent au théâtre des Variétés;

il s'y mêle des airs d'opéretto qui l'agacent et le troublent.

Le théâtre du Vaudeville est le seul théâtre où le Vaudeville ait le moins de chance de ressusciter. La comédie de mœurs s'y épanouit. Le Gymnase vivote de son passé et en meurt aussi.

La Renaissance, les Bouffes, les Folies-Dramatiques sont des débits d'opérettes, d'œillades, de gaillardises et de voix aigrelettes.

La Porte-Saint-Martin se souvient, de temps en temps, qu'elle fut le théâtre légendaire du drame; l'Ambigu, son voisin, voudrait s'en souvenir; le Théâtre-Historique n'a pas encore d'histoire, et la Gaîté, le Châtelet se vouent à la féerie, sans qu'aucune baguette de fée leur rende le prestige et la fortune d'autrefois.

Aimes-tu les pantomimes? les *Cirques*, l'*Hippo-drome* ont des Talmas à quatre pattes de premier ordre et des acrobates d'un style qui n'a pas besoin d'interprètes.

Il est encore d'autres endroits moins salubres, offerts aux amateurs de spectacles. Mais, comme on ne sait jamais s'ils sont ouverts pour cause d'imprudence, ou fermés pour cause de faillite, je m'abstiens de t'en parler.

S'il arrive que ton humeur, ou ta digestion, te prédispose à certains plaisirs légers, moins sédentaires, moins attachants que le plaisir de l'Opéra, du drame ou de la comédie, tu as la ressource des cafés-concerts.

Ne rougis pas, mon hôte; M. Veuillot a passé encore par là, et ne s'est pas fait absoudre du Pape pour cette curiosité.

Je t'ai dit que l'on chantait à Paris pour avoir des prétextes de boire; tu peux prétexter la soif pour écouter ce qui se chante dans nos Alcazars et nos Eldorados.

Ne crains ni les chansons politiques, ni les élégies. La police a proscrit des tréteaux tout ce qui pouvait les faire estimer.

On a essayé, dans un temps d'anarchie et de désordre moral, de déclamer du Racine et du Corneille devant les buveurs de chopes; mais cette tentative causa trop de bruit; le public applaudissait avec fureur, et l'Odéon n'avait plus de raison d'être. Corneille a été mis en fourrière, Racine a été interdit.

La chanson délurée, grivoise, quelquefois réaliste jusqu'à l'ordure, est seule tolérée, avec le vaudeville à deux personnages. Il paraît qu'on se trouve bien mieux, au point de vue des mœurs, de cette jovialité. La plaisanterie française enrichit son répertoire des trouvailles faites aux cafés-concerts, et si l'on te parle de l'*Amant d'Amanda*, tu sauras, mon hôte, qu'il ne s'agit pas d'un héros du Théâtre-Français. On ne te parlera jamais de Roméo ni du Cid.

*_**

Enfin, mon hôte, si grave que tu sois, tu n'es pas plus pédant que feu M. Dupin qui allait à Mabille avec sa gouvernante, pour étudier le luxe parisien.

Va donc dans ces jardins artificiels que l'honnête madame Beecher Stowe, dans *son voyage à Paris*, admirait comme des écoles de bon ton, et qui émouvaient la mère d'Évangéline, l'évangélisatrice de l'oncle Tom.

Depuis quelques années, la valse est un peu détrônée par le patin, et les skatings font tort aux bals traditionnels. Il paraît que pour l'étranger le profit est pareil. Ce que les danseuses montraient en levant le pied, elles le laissent voir en glissant et en tombant par terre. Le patinage ne laisse rien à regretter.

Pardonne-moi de ne pas pousser plus loin la nomenclature. Tu ne viens pas à Paris pour étudier le bal Valentino, ni les bals de l'ancienne barrière, la Reine Blanche, l'Élysée Montmartre, qu'il ne faut pas confondre avec l'Élysée du Président, car on s'y amuse beaucoup plus.

Je n'ai pas à te prescrire le respect prudent qui est dû aux nymphes de ces bosquets et aux Anacharsis qui sont de leur intimité. La familiarité est aussi dangereuse que les querelles. Abstiens-toi et tiens-toi! Ne te laisse émouvoir, si tu traverses ces enfers maquillés en paradis, ni par le sourire entrevu, ni par le cri de détresse entendu. Laisse assommer la beauté sans défense. Elle n'est qu'une amorce pour attirer les défenseurs.

*
* *

Dans les bals d'étudiants, on trouve encore de la gaieté sans piége, l'amour de la danse pour la danse, les traditions de la jeunesse et des cancans, mais hâte-toi! qui sait si dans huit jours Bullier ne sera pas lui aussi un skating?

Quand j'aurai signalé à ta rêverie sentimentale les ombrages enluminés du concert Besselièvre; quand je t'aurai assuré que les Folies-Bergères offrent un assortiment de visions que les bazars orientaux ne pourraient dépasser; quand je t'aurai averti de ne chercher aucune *bergère*, et de ne jouer aucun rôle de mouton dans ce lieu de délices, au nom si florianesque, je t'aurai, je crois, donné un aperçu des plaisirs, plus ou moins épicés, que l'on trouve dans Paris en dehors et au-dessus du grand plaisir que l'on hume, par le seul fait de vivre de la vie parisienne.

9.

XI

PARIS – AMOUR

Lis sans crainte, mon hôte, ce chapitre que j'écris sans autre intention que celle de te maintenir fidèle à ta femme, à tes habitudes, à tes souvenirs.

L'amour à Paris est une coquetterie ou une misère ; il est rarement une passion.

Prends donc garde au temps perdu, à quelques déceptions de ta charité ; mais ne redoute pas ces blessures profondes qu'on emporte pour n'en jamais guérir.

Ce qui peut t'arriver de plus fâcheux, c'est de vouloir mettre à la mode de Paris l'amour candide et paisible, l'indifférence agréable qui t'attend dans ton pays.

L'amour parisien veut être dégusté à Paris. C'est de la mousse de vin de Champagne qui devient piquette quand on la fait voyager ; mais à Paris même

il se change vite en vinaigre, quand on prétend en
faire son ordinaire.

Contente-toi donc du rôle de dégustateur, et
quand tu seras de retour dans ta vieille maison,
là-bas, je ne sais où, il t'arrivera le soir pendant le
tricot de ta femme ou de quelque autre, de prendre
la plume pour écrire à quelque Métella qui t'oublie,
une lettre qui se chante sur un air d'Offenbach,
dans la *Vie parisienne :*

> Vous souvient-il, ma belle,
> D'un homme qui s'appelle :
> Jean Stanislas, baron de Frascata?
>   En la saison dernière
>   Quelqu'un sur ma prière,
> Dans un grand bal, chez vous me présenta!
> Je vous aimai, moi, cela va sans dire !
> M'aimâtes-vous ! je n'en crus jamais rien;
> Vous le disiez ! mais avec quel sourire !
> De l'amour, non, mais ça le valait bien !...

Voilà, mon hôte, l'amour parisien, défini par de
charmants écrivains de Paris !

Est-ce là l'unique amour? Ne vais-je pas confondre le caprice, la comédie, la curiosité maligne,
l'égoïsme félin, la spéculation galante avec l'amour?

Tu es peut-être garçon ou veuf? Peut-être viens-
tu à Paris avec le secret espoir d'y trouver une
femme?

Alors, mon hôte, parlons peu de l'amour et parlons du mariage.

La Parisienne est une merveilleuse créature, facile à dresser; mais il faut la dresser. Ni dans le couvent, ni dans l'institution, ni dans les leçons qu'elle a reçues chez elle, on ne lui a parlé du mariage, des devoirs du ménage, de la perspective de la maternité.

On l'a bien habillée pour aller au bal; on a répété cent fois devant elle que telle ou telle de ses amies se mariait parce qu'elle avait une grosse dot; que telle ou telle autre ne se mariait pas, parce qu'elle n'avait rien.

Quand son tour arrive, sa mère lui dit :

— Tiens-toi droite et ne regarde pas ce monsieur, car il vient pour te regarder!

L'affaire s'emmanche ou ne s'emmanche pas entre les parents; mais ces sortes de choses ne regardent pas la jeune fille honnête, et c'est souvent le lendemain des noces que le mari demande à sa jeune femme :

— A propos, m'aimez-vous?

Il arrive parfois que la jeune mariée ose dire:

— J'essaierai !

Mais il arrive aussi qu'elle passe tout son temps à se poser à elle-même la question, et qu'au bout de vingt ans elle ne s'est pas encore répondu.

Voilà pourquoi, à Paris, le mariage est souvent un veuvage à deux, entremêlé de petites parties fines des deux veufs.

Pourtant, je te l'assure, on fait d'excellentes mères de famille, des épouses très-solides, des amies très-vaillantes avec des Parisiennes ; mais il faut savoir leur donner, en les épousant, l'initiation à laquelle rien ne les a préparées.

La Parisienne est un peu comme la porcelaine de Sèvres, délicate, fragile, qui garde toujours une forme charmante même quand elle n'est pas décorée, mais qui ne vaut son prix que si elle a reçu la peinture, à la fois inaltérable et vive, sa dorure spéciale.

Sais-tu peindre une femme selon ton rêve? Alors, mon hôte, marie-toi à Paris. Mais si tu doutes de ton talent, prends garde d'épouser une tasse blanche qui pourra se fêler et se briser, quand tu essaieras de la faire enluminer dans ton pays et de la remettre au four des porcelaines du cru.

Il faudrait un chapitre spécial sur les jeunes filles à marier. Ce serait un hors-d'œuvre dans ce guide d'un voyageur.

Le braconnage est-il aussi facile à Paris, et ce monstre du parjure, que Balzac appelait le Minotaure, dévore-t-il autant d'honnêtes femmes, que les femmes laides, condamnées aux travaux forcés de la vertu le prétendent?

Non; d'ailleurs, si elles le voulaient bien, ces laides, fussent-elles vieilles, auraient encore elles-mêmes des chances de devenir indulgentes. Paris est la ville du monde où la femme, quelle qu'elle soit, peut toujours espérer. Ninon de Lenclos, séduisante à plus de soixante ans, était une Parisienne fidèle, et Racine, qui s'y connaissait, pensait aux belles dames du monde lorsqu'il maquillait Athalie.

Cela n'empêche pas, mon hôte, de rencontrer à Paris de vieilles femmes laides et peu vertueuses, sans amants, et des filles honnêtes et riches qui vieillissent sans se marier.

*
* *

Tu ne viens pas à Paris pour *officier*, mais pour *consommer*. C'est entendu.

Je ne veux donc te donner de conseils qu'au point de vue de la consommation.

Ne t'imagine pas que toute Parisienne mariée qui te sourit t'invite à la séduire. La coquetterie est souvent la fanfare d'une vertu spirituelle.

La toilette n'est pas non plus une offre. La Parisienne déteste les armures; elle est invulnérable, quand elle veut l'être, par sa prestesse à manier l'esprit qui est son épée ou son aiguille.

Si tu suis une femme dans la rue, ne va pas supposer qu'elle te montre le chemin, parce qu'elle se laisse suivre. Il t'arrivera souvent d'être salué à sa porte d'un regard de remerciment. Tu l'as protégée contre un autre plus grossier; n'insiste pas, ne réplique pas, car elle pourrait sonner et dire à son mari :

— Mon ami, je te présente monsieur, que je ne connais pas, mais qui a voulu absolument m'accompagner.

L'honnête femme, qu'il ne faut pas suivre, passe d'un pas régulier, normal, regarde où elle veut regarder, va droit devant elle, s'arrête s'il lui plaît, va vite ou lentement, à son gré.

La femme que tu peux suivre, en t'exposant à d'autres risques que ceux de l'honnêteté, marche sans s'arrêter, ou bien si elle s'arrête, c'est après avoir tourné la tête et s'être assurée qu'il est temps de faire escale.

Observe le bas de la jupe. La vertu veille aux frontières comme au cœur de la place. La robe de la femme honnête est aussi inamovible que la magistrature la plus assise; tenue d'une main ferme, elle ne monte ni ne baisse d'un centimètre.

La jupe de la femme qu'on peut suivre semble douée de sensibilité; elle a des haussements charitables, des soubresauts de pitié engageante.

Elle se rétrécit en hauteur, et le moins qu'elle te montre, c'est le haut de la bottine.

Parce que tu apercevras un bas blanc et tendu d'une façon irréprochable, ne va pas, mon hôte, calomnier la jambe aussi parfaitement moulée. A. de

Musset a dit qu'il y a plusieurs façons de deviner une jambe bien faite. Je m'en tiens au bas, pour te prémunir contre des séductions naïves.

Toute Parisienne, depuis les hauteurs de Ménilmontant jusqu'à Plaisance, a reçu en naissant le don de dessiner sa jambe dans le tricot de soie, de coton, de fil ou de laine. La vertu n'y fait rien, et le vice ne détruit pas cette grâce d'origine. Le bas bien tiré est le signe de la race.

Je ne veux offenser aucune nation dans sa plus belle moitié; mais je t'affirme, sur mon honneur et ma conscience, que le bas de la Parisienne ne ressemble en rien au bas d'une étrangère, et si tu aperçois sous une robe, élégamment drapée, une vis dans une bottine, sois sûr que ce bas en spirale a été tricoté au delà du Rhin, au delà des Alpes, au delà de la Manche, et même au delà des Pyrénées.

Je vais te donner à ce sujet un détail industriel parfaitement authentique. Depuis que l'on fabrique des bas à la mécanique et non plus au métier, on te montrera dans toutes les usines des machines *à diminuer*, c'est-à-dire à façonner le bas pour ménager le mollet; mais on te fera voir aussi des bas cousus sans sinuosités, droits comme des tuyaux; ce sont les bas de *l'exportation*.

Quel poëme, mon hôte, ne pourrait-on pas écrire sur cette particularité du mollet de la Parisienne!

Sterne, dans le *Voyage sentimental*, a raconté la tentation endurée par la boucle de soulier d'une jolie femme de chambre. Sterne était Anglais, malgré tout, même en France ; il n'a pas osé dire qu'en remettant la boucle, il avait aussi vu le bas bien tiré ; il se fût fait massacrer par ses compatriotes féminines. C'est bien assez pour lui d'avoir été disséqué après sa mort par ses amis !

***

Je n'ai pas tout dit sur la Parisienne honnête. Il y a encore d'autres signes pour la reconnaître. La démarche sur l'asphalte, c'est déjà quelque chose ; mais quand il faut quitter le trottoir, traverser la chaussée, ô mon hôte, si tu as le moindre goût pour l'observation, tu ne pourras pas hésiter dans ton jugement.

La femme honnête regarde soigneusement à droite et à gauche, reste une seconde en suspens, le pied tendu au-dessus de la chaussée, au-dessus du ruisseau, craint de se salir un peu, a peur d'être écrasée, et ne traverse que quand elle est certaine de n'avoir pas à se garer violemment.

La femme aimable, qu'on peut accoster, a des airs d'amazone ; elle va sans peur, s'engage dans les voitures, ne se crotte pas plus que la femme honnête, mais traite autrement le ruisseau. La première glisse ; la seconde sautille.

Ne te trompe pas ! La toilette n'établit pas toujours, au premier abord, une différence sensible ; tout est dans la nuance du geste. Prends bien garde ! un mot, un regard de la femme honnête peut te laisser des remords pour plusieurs nuits; d'autant que ce mot ou ce regard t'aura rendu amoureux fou, en pure perte.

Car les femmes honnêtes ne dédaignent pas de punir par l'amour ceux qui ont l'insolence de vouloir s'en faire aimer.

*
* *

Si tu es quelque peu baron de *Frascata*, ou baron de *Gondremarck*, ou parent et confident de ces messieurs, tu veux avoir la physiologie détaillée des jolies personnes qui peuvent ajouter un intérêt piquant et transitoire au plaisir d'habiter Paris pendant quelques mois.

La tâche est scabreuse. Tu n'as pas besoin de guide. Allume, allume, mon hôte, tout ce que tu pourras allumer, et les papillons viendront s'abattre autour de toi !

Tout ce que je puis faire, c'est, avant de quitter ce trottoir brûlant, de te donner le secret d'un cadran inventé par un horloger philosophe. Chaque heure *double* marque l'apparition d'une Métella de bonne composition. Je copie, et je n'invente rien.

MIDI. — L'heure de VÉNUS SORTANT DE L'ONDE. Vient-elle du bain? Y va-t-elle? On la voit passer, nonchalante et fière sur le boulevard, dans les passages, lasse du souper de la nuit, aspirant la brise d'un déjeuner que tu lui offriras peut-être, peu inquiète, sachant bien qu'elle n'est pas d'âge à mourir de faim! ·

DEUX HEURES. — Voici LA REINE CHOUCROUTE; celle-là n'a pas de chance. Est-ce parce qu'elle est trop grasse, ou trop maigre? trop pâle ou trop rouge? Est-ce parce qu'elle ne sait pas donner de la mélancolie à son regard, ou parce qu'elle le réveille maladroitement? Ce qui est certain, c'est qu'elle n'a pas reçu l'offre d'un déjeuner. Alors, baissant la tête, la poitrine haletante de colère et d'appétit, elle entre dans une brasserie, mange à belles dents de la choucroûte, des saucisses de Francfort, et boit de la bière avec fureur, comme elle boirait le sang des infâmes qui ne l'ont pas invitée.

QUATRE HEURES. — C'est le moment où la FOURMI piétine. Prévoyante, économe, elle songe au dîner; elle guette la sortie de la Bourse; elle sait la hausse; elle évite les baissiers; elle aime les gens sérieux; elle plaît aux fonctionnaires. Elle accepte volontiers un tour de promenade au Bois; mais elle ramène toujours au centre celui qui tend à s'égarer vers la circonférence.

SIX HEURES. — Entends-tu L'HIRONDELLE DE MONTMARTRE? On l'appelle aussi *l'absintheuse*. Elle descend la rue des Martyrs ou la rue Notre-Dame-de-Lorette, longe le faubourg Montmartre et bat de l'aile sur le boulevard. C'est la péripatéticienne de l'amour. Elle marche, elle marche, mais elle fait aussi à propos des stations aux cafés complaisants.

Elle tutoie les garçons ; les interroge sur les nouveaux habitués, sur les anciens qu'elle oublierait sans cela, et, malgré son surnom, prudente sur les apéritifs, craignant de creuser le gouffre qu'elle n'est pas sûre de remplir, elle mouille sa lèvre, sourit aux passants et attend.

HUIT HEURES. — DAPHNÉ commence sa fuite, comme si elle était poursuivie. Elle est habillée pour la ville et pour le bal public, au choix. Ne lui propose pas à dîner, elle te jetterait un cure-dent au nez, comme si tu l'insultais. Elle acceptera fièrement le café, bien qu'elle soit à jeun ; elle ne te permettra que plus tard de lui faire prendre de la pâtisserie. Toujours prête à te quitter, te reprochant de la retenir, elle a du courage et de la force d'âme, parce qu'elle grignotte et se défend de manger. C'est la plus coûteuse des mendiantes ; elle ne demande rien !

DIX HEURES. — LA CHAUVE-SOURIS, après quelques ébats entre les arbres et les tables de café, tombe sur une chaise et attend le bien-aimé.

Elle aime l'ombre ; la lumière l'éblouit. Ce n'est pas sa faute si elle n'est plus jeune, et si elle est laide. Elle se console à peine, par la pensée d'une clientèle qui lui reste fidèle. C'est pour elle que les jeunes gens, intimidés par le soleil, s'enhardissent dès que le gaz est allumé ; c'est en son honneur que MM. les militaires ont obtenu la permission de onze heures.

MINUIT. — L'ARAIGNÉE DU SOIR a tendu ses toiles ; elle obstrue les passages, les boulevards, les portes des restaurants. Il faut la tuer ou la nourrir. C'est la

Vénus farouche, attachée à sa proie. Malheur à celui qui la rencontre devant *Peters* ou le *Helder !*

DEUX HEURES. — LA SUPPLIANTE traîne sa douleur sur l'asphalte. Elle avoue sa faim, et aussi la misère des temps ! Personne n'a songé qu'elle avait le droit de souper ; qu'elle n'avait pas dîné. Ah ! si sa mère, la fille d'un vieux soldat de Napoléon, vivait encore ! Elle craint la colère de son père, qui la croyait au théâtre. Elle aimerait mieux ne rentrer qu'au grand jour. Il lui serait plus facile d'expliquer la veillée d'une nuit, qu'un retard pareil ! Ne te laisse pas émouvoir et passe vite.

QUATRE HEURES. — DOÑA EBRIOLA descend du restaurant. Elle a été abandonnée tout à coup par des convives qui lui inspiraient confiance. C'est égal, elle a bien soupé, bien bu, bien ri, elle a peut-être sa petite pointe ! Elle est bonne, elle cause avec les balayeurs. Ils sont Alsaciens ! Elle a une femme de chambre alsacienne. Elle s'attendrit ; puis elle t'accoste avec un grand éclat de rire. Dès que tu lui tournes le dos, elle remonte lentement vers son nid, la tête lourde, triste d'être seule, et en voyant l'aurore, elle pense qu'elle était bien innocente le jour de sa première communion !

SIX HEURES. — Celle-là, c'est le RETOUR DE L'INDE. Elle marche vite ; elle regagne le logis ; n'aime point à faire jaser ; redoute ses concierges ; tient la main sur sa poche pour bien garder le porte-monnaie. Elle n'a plus de fumée de cigare ni de champagne dans la tête. Elle ne rit pas ; elle ne pleure pas. L'œil fixe, elle marche vite ; elle pense à son loyer, à un billet qui va échoir ; elle a des bâillements spasmodiques. Ne l'aborde pas ; elle te répondrait avec le dédain du cocher qui a longuement chargé dans la soirée, dans la nuit, et qui ramène *Coco* à l'écurie.

Huit heures. — Ce serait le cas de chanter les couplets de Désaugiers. Madame Café au Lait, vive, gentille, rafraîchie, Parisienne, toute à elle-même, à elle seule, cause avec la crémière, s'épanche librement. Elle est mal peignée ; mais on voit mieux ses cheveux. Elle est à peine couverte d'un mauvais jupon. Ne cherche pas à voir si les bas sont bien tirés car elle est nu-pieds dans des pantoufles brodées.

Dix heures. — La Vierge aux radis s'occupe de son déjeuner. Elle descend aux provisions ; cache ses ailes et son petit panier sous son châle ; achète des crudités, surtout des radis ; berce délicatement sur son sein un litre de vin, comme un poupon qui fait *dodo*, et dans les grands jours se paye encore une côtelette ou un œuf sur le plat.

Ne tente pas de la surprendre, elle t'échapperait. A cette heure matinale, elle est impitoyable pour tout le monde ; mais si tu veux repasser dans deux heures, quand elle sera habillée, coiffée, alors tu retrouveras la Vénus victorieuse et triomphante de Midi.

Voilà, mon hôte, le cadran de l'amour équivoque. Il fallait te le faire connaître, aucun danger n'est à mépriser. La lumière de Paris met un rayon dans la boue ; ne te baisse pas pour ramasser une lueur, quand tu crois saisir une paillette.

***

Cependant, cher étranger, il se peut que tu rencontres l'amour *vrai*. Je t'assure qu'il existe à Paris; seulement il y vit incognito. On le coudoie vingt fois, avant de le reconnaître. Un hasard, un rien le révèle; mais il n'a pas de quartier où l'on ait plus de chances de le trouver sur son chemin.

Est-ce au théâtre, dans le monde, sur le boulevard, à l'église que tu le rencontreras? Te sera-t-il donné de le rencontrer?

Voilà ce que j'ignore, ce que je ne puis te garantir.

Mais si tu as le bonheur ou le malheur d'en devenir le héros ou la victime, souviens-toi, mon hôte, de ces deux principes absolus :

Pour mériter l'amour parisien, il faut le désirer encore après qu'on l'a obtenu.

Pour le garder, il ne faut pas le retenir.

XII

PARIS QUI TRAVAILLE

Quand le schah de Perse arriva pour la première
fois à Paris, et quand il vit sur son passage des
milliers d'hommes vêtus proprement, avec des vêtements de drap sans pièces, ou des blouses sans
taches, il demanda :

— Il n'y a donc pas d'ouvriers à Paris?

On lui répondit qu'il y en avait à peu près un
million; que Paris tout entier était un immense
atelier; que tous ces promeneurs pressés sur son
passage étaient des artisans, depuis le travailleur
en Chambre des députés, jusqu'au travailleur en
chambre meublée, en passant par les ministres, les
employés de l'administration, les hommes de plume
et de barreau, les gros négociants, les boutiquiers,
les étaliers de la halle, de la porte cochère, du
trottoir, sans oublier ceux qui travaillent sous le

trottoir et qui accélèrent de temps en temps la liquidation des boues de Paris.

Le schah parut comprendre, et ce spectacle l'a
tant ravi qu'il vient s'en offrir une seconde représentation.

***

Toi, mon hôte, tu sais bien que Paris n'est pas
seulement un cerveau pensant, un estomac jouissant,
un jarret se trémoussant et un cœur se dilatant à
volonté. Tu n'ignores pas que les merveilles du
goût, dans le mobilier, dans le costume, dans les
bijoux, dans la parure extérieure et intérieure se
fabriquent à Paris, ne peuvent se fabriquer que là,
et que cette ville où l'on s'amuse plus que partout
ailleurs est aussi la ville où l'on travaille le plus.

Je t'ai dit comment Paris avait souri au bombardement et à la faim, pendant le siége. Ce n'est rien.
C'est pour fondre des canons sans fonte, faire des
habits de drap sans drap, des chaussures sans cuir,
du beurre sans lait, de la graisse sans viande, et de
la bougie sans suif, que Paris s'est montré industrieux, ingénieux !

Une exposition des produits de Paris pendant le
siége serait l'histoire la plus instructive et la plus
touchante, la plus merveilleuse et la plus glorieuse
qu'on pût imaginer ; c'est que Paris ne cessait pas

de travailler et que son génie se fécondait par la détresse.

Faire beaucoup avec peu! Voilà le caractère du Parisien. C'est un souffleur de riens qui deviennent des mondes.

L'ouvrier de Paris a le regard prompt, les doigts agiles; il devine l'harmonie des formes, des couleurs; il prévoit les combinaisons; il groupe tous les détails; il ne laisse rien perdre. C'est le tailleur de pierre, de bois, de cuivre, d'or ou d'argent qui fait le moins de copeaux et qui tire le meilleur parti des copeaux qu'il fait.

***

Laisse-moi donc te parler du Paris qui travaille, après que je t'ai parlé du Paris qui s'amuse.

Il ne faut pas que, dans ce petit tableau de poche, le trait le plus vivant de la physionomie de Paris puisse t'échapper.

En effet, le travail est une des gaietés de Paris. L'ouvrier y chante plus que partout ailleurs. Il comprend qu'il fait partie d'un chœur. Gouailleur, gamin, patient sous une sorte d'impatience chronique, appareilleur de fêtes nationales, autant que de révolutions, il participe non-seulement à la vie industrielle, commerciale, financière, sociale, mais aussi à la vie littéraire et idéale.

C'est pour l'ouvrier de Paris autant que pour les

grandes dames qu'Alexandre Dumas a écrit ses merveilleuses épopées, que les théâtres allument tous les soirs leurs rampes, et parmi les journaux populaires, les mieux écrits sont les mieux achetés. Mais quand on te dira que cette capitale de l'esprit est un bas-bleu, une diablesse tournant la broche où rôtissent les damnés de l'ambition, une courtisane; réponds sans crainte qu'elle est aussi l'ouvrière par excellence. Si le travail est une prière, il n'y a pas de cité plus religieuse, ni de religion plus aimable.

Je t'ai donné le cadran de l'amour; voici, en face, l'horloge du travail.

Il est QUATRE HEURES DU MATIN. Les balayeurs et mesdames les balayeuses commencent la toilette de Paris.

On les nomme, dans un certain argot, les *lanciers* de M. le préfet. Il serait plus juste de les appeler les *coiffeurs* de la ville; ils la peignent, lui lissent la chevelure, lui font la raie.

Les balayeurs étaient, il y a quelques années, toute une colonie allemande, établie aux environs des buttes Chaumont; la guerre les a balayés, et la corporation qui s'est refaite n'admet guère que des Alsaciens. Lève-toi de bonne heure, un jour, ô mon hôte, pour assister à ce premier coup de peigne de la grande ville. Tu seras ravi de la vigoureuse allure de ces pauvres gens. Le balayeur est vieux, la balayeuse est laide; mais l'un et l'autre, mari et femme, ou simplement associés, sont solidement vêtus. Pas de haillons! Ils ont la coquetterie du métier; ils ont perfectionné les ustensiles. Quels balais! et quels coups de balais!

Il est passé ce temps où Balzac décrivait l'opiniâtreté des portiers s'acharnant sur l'*âme* du ruisseau noir et fétide.

Il n'y a plus de ruisseaux que madame de Staël puisse regretter; les portiers sont dispensés de balayer; la ville, moyennant une redevance, se charge de la besogne, et les fonctionnaires enrégimentés par l'autorité liquident tous les matins ce que les chiffonniers ont jugé indigne de leurs archives.

Le balayage de Paris est une de ses gloires. Les Parisiennes le savent bien, même les plus élégantes, qui d'ordinaire ne savent pas grand'chose; aussi, ayant à nommer la queue de leurs robes, n'ont-elles pas trouvé de plus joli nom à lui donner que celui de *balayeuse*. Touchant hommage dans lequel on pourrait peut-être trouver çà et là un vague accent de piété filiale.

Combien de celles qui *rôtissent* le balai, ont un balai maternel dans leurs souvenirs d'enfance!

*_**

CINQ HEURES sonnent. Là-bas, dans les faubourgs, les cloches tintent. Voici les matines du labeur. Les portes des usines ne s'ouvrent pas encore; mais on sent qu'à l'intérieur le fourneau bâille, la vapeur va commencer ses soupirs. La *diane* réveille les casernes, et comme il faut que toute aurore dans Paris ait un parfum d'idéal, les premiers fonctionnaires, ceux qui se mettent à la besogne en même temps que les balayeurs, sont les employés de la poste. Avant cinq heures du matin on a déjà recueilli les confidences, les rêves, les mensonges, les vérités, les vilenies, l'amour, la haine, le trafic enfermés sous enveloppe, et le grand balayeur va les disperser en tourbillons sur Paris et le monde.

***

SIX HEURES. — Le lycée soulève sa paupière; le lycéen rêve au temps heureux où il pourra faire la grasse matinée, et l'ouvrier descend des faubourgs.

Il est silencieux, mais son silence n'a rien de farouche. Il va vite, car il s'agit de n'être pas en retard; on fait un appel, et c'est *bête* d'y manquer.

Cela empêche-t-il de s'arrêter une seconde chez le marchand de vin et de prendre, debout, devant le comptoir, le *verre* qui tue le *ver ?*

Les moralistes de sacristie ne se doutent guère, quand ils fulminent contre cette habitude, jugée détestable, et contre cette locution proclamée grossière, que l'usage et la locution viennent de l'église.

Au xe siècle, quand on crut que l'*an mil* amènerait la fin du monde, un prédicateur s'avisa d'annoncer en chaire que tous les pécheurs avaient au cœur un ver exécrable, ainsi que dans un fruit gâté, et qu'il fallait chaque matin *boire le vin du Seigneur*, pour faire périr ce ver funeste.

Le peuple prit au mot l'allégorie, et, avec le temps, le vin du Seigneur se transforma en un chablis de vingtième qualité.

L'abbé Gaume, quand il écrivait *le Ver rongeur*, voulait ressusciter l'éloquence du xe siècle, et prouvait bien que la physiologie ecclésiastique n'a pas fait de progrès.

Mais l'ouvrier qui tue le *ver* aujourd'hui sait qu'il commet une métaphore; il noie le bâillement du réveil; voilà tout.

****

Sept heures. — Je n'ai pas à recommencer la chanson de Désaugiers, ni à décrire la laitière s'installant sous les portes.

C'est l'heure des ouvrières. Elles vont, à leur tour, où le devoir les attend. Je ne te garantis pas que la majorité de ces jolis minois soit uniquement sensible au lever de l'aurore; que Jenny l'ouvrière ait quitté la cage d'un serin réel, pour courir à l'atelier. Je ne veux ni assombrir d'une étude qui n'aurait pas ici sa place, ni attendrir d'une idylle par trop naïve, ce joli tableau des jeunes

ouvrières trottinant, un carton, un petit sac sous
le bras, faisant claquer leurs hauts talons sur l'asphalte, et montrant toujours sous une robe de toile
un bas aussi bien tiré que celui d'une duchesse de
Paris !

Il en est qui partent avec l'étoile invisible d'une
bénédiction sur le front ; il en est qui s'essuient
le front pour ne pas laisser voir la trace chaude
d'un baiser qui les tracasse ; il en est que l'on attend
en route pour les conduire jusqu'à la porte de l'a-
telier ; il en est qui fuient la protection ; mais
toutes sourient, caquettent, bavardent d'une voix
chantante, et au défaut d'une innocence égale, c'est
la bonne humeur décente qui nivelle les physionomies.

*
* *

Huit heures. — L'employé de commerce se met
en route. Celui-là est un homme posé, vêtu de drap,
propre, habile à dissimuler sa gêne. Il va préparer
ces étalages ingénieux qui séduisent le chaland, ou
aligner pendant dix heures des chiffres fastidieux. Il
n'a ni gaieté, ni mélancolie. Ponctuel comme un soldat, il s'étudie à être grave comme un patron et son
sourire est aussi une lumière d'étalage.

L'employé de magasin et l'attaché d'ambassade
ont la même physionomie *faite*. Le premier est

seulement plus habile. Il sait vendre ; le second reste toute sa vie incapable d'acheter ; mais l'un et l'autre ont perdu l'indépendance de la gaieté et de l'esprit, du moins pendant l'exercice de leurs fonctions diplomatiques.

NEUF HEURES. — Tout est ouvert ; les boutiquiers sont sous les armes. Du haut en bas de l'échelle, l'agitation commence. Depuis le cabinet doré du banquier jusqu'à l'échoppe, le client, surtout l'étranger (cette perle des clients) est attendu. Va, mon hôte! Les sourires reluisent ; les bouches sont graissées ; les piéges ont leurs amorces. Va! On parle de toi chez l'épicier, chez le boucher, chez le boulanger. Tu ne sais pas ce que tu brûles de bougie chaque soir ; ce que tu tritures de viande ; ce que tu perds de pain ; ce que tu consommes et ce que tu consumes? On le sait, on le discute, on le blâme, dans cette bourse aux cancans qui se tient vers neuf heures.

[*]

DIX HEURES. — On dirait qu'il se fait un grand silence dans Paris ; que des vieilles tours de Notre-Dame aux tours nouvelles du Trocadero, un immense *chut!* glisse, s'allonge et prépare l'entrée solennelle du monsieur correct, tiré à quatre épingles, à la boutonnière close par un ruban rouge, ou à la boutonnière béante de la soif du ruban, qui se dirige vers un ministère ou vers son administration.

Faut-il le classer parmi les travailleurs, celui-là ? Peut-être ! Il travaille, il pince, il irrite la patience du public.

D'ailleurs, il a presque toujours une petite industrie, ou un art, ou un caprice en dehors de son bureau ; il est vaudevilliste, tourneur en ivoire, collectionneur, amateur, dessinateur ; il ne borne pas toujours son activité à la taille minutieuse de ses ongles, à la lecture des journaux, à cette flânerie à travers les bureaux qui prend la moitié de sa journée.

*
* *

Onze heures. — *Voilà le singe !* s'écrie l'ouvrier farceur dans l'atelier. Voilà le *patron !* dit-on dans les ministères.

J'ignore quelle exclamation familière poussent les employés de l'Élysée quand ils voient entrer M. le Président de la République dans les bureaux, ce qui doit arriver quelquefois.

Si je découvre l'argot spécial à cette sphère un peu excentrique, je t'en ferai part ; mais sois certain qu'il existe.

Donc, à onze heures, le maître fait partout son entrée. C'est l'heure des comparutions, des ordres, des enquêtes, des conférences qui décident les programmes, qui tranchent les débats, qui résolvent les questions.

Dans l'usine, le contre-maître chez le maître ; dans les magasins, les commis chez le patron ; dans les ministères, le sous-chef chez le chef, le chef de bureau chez le chef de division, ce dernier chez le secrétaire général, celui-ci chez le ministre. Tel est le va-et-vient, le bruit de cette heure culminante, c'est l'orage des sonnettes et la tempête des garçons de bureaux.

Midi, c'est le signal du repos sur toute la ligne. Paris travailleur mange.

Depuis le déjeuner que fait le clerc d'huissier avec un morceau de petit salé sur le coin d'une table noircie à l'encre, jusqu'au plantureux repas du maître qui a ses habitudes de restaurant, en passant par l'ordinaire à trente-cinq centimes servi chez le marchand de vin à l'ouvrier, sans oublier la cuisse de poulet dans un journal et la bouteille dans une armoire de l'employé de bureau, midi est l'heure de l'activité de l'estomac et de la fainéantise de l'esprit.

De une heure a quatre heures commence le grand travail de la Bourse, la fièvre de la rue Vi-

vienne, de la rue Richelieu. On brasse les affaires;
on spécule sur les rhumatismes de M. de Bismarck,
sur les dépêches venues de Londres ou de Saint-
Pétersbourg; les pigeons voyageurs tournoient dans
les airs et matérialisent dans ce siècle positiviste la
vieille métaphore des *pigeons de la Bourse.*

Paris est dehors, le Paris des courses, des commis-
sionnaires. Toutes les voitures des grands magasins
encombrent la voie.

A ce propos, si, au lieu d'un guide rapide, sentimental, qui ne peut qu'effleurer les questions, je
voulais te mettre à même d'approfondir la moralité
du commerce parisien dans ses manifestations les
plus *spectaculeuses,* j'aurais beaucoup de choses à dire
sur ces trois ou quatre grands bazars qui accaparent
la publicité, allèchent la coquetterie et tuent les
petites maisons, rendent la confiance impossible, et
leurrent les budgets des ménages par des bons mar-
chés fallacieux ?

Sans doute, il est commode de trouver tout dans
la même maison ; mais ce *tout* reste un à peu près,
et les magasins de nouveautés qui vendent des livres
moins cher que chez les libraires, des parapluies pour
rien, des meubles pour le prix d'un joujou, et qui
donnent des joujous par-dessus le marché, ces docks
de la toilette qui rivalisent avec le vieux temple,
vulgarisent un luxe détestable, corrompent le goût,
empêchent les efforts des petits marchands, enrayent
les progrès des industries qui travaillaient pour une
clientèle choisie, couvrent nos femmes de chiffons

prompts à s'érailler et emplissent nos appartements de bibelots de pacotille qui font ressembler certains salons à des expositions de loteries de bienfaisance.

Il est vrai qu'en vendant une robe toute faite pour quinze francs, les magasins vous offrent les friandises d'un buffet, le plaisir grave d'un cabinet de lecture, un billard pour les maris qui attendent leurs femmes, des boudoirs pour les femmes qui n'attendent pas leurs maris, et des omnibus pour reconduire les acheteurs ou les acheteuses.

Autrefois on suivait une femme sur les boulevards, au musée, dans les promenades; maintenant on peut la suivre dans un de ces labyrinthes, où tout le confortable nécessaire à la conversation se trouve donné gratis, pour peu qu'on achète ou qu'on feigne d'acheter, à bas prix, une étoffe quelconque.

Aussi ne trouve-t-on plus, dans ces magasins où la séduction est si facile, les commis experts, éloquents qui plaidaient jadis auprès de nos mères la cause des velours solides, de la soie bien *cuite*, de l'indienne bon teint. Gaudissart, l'illustre Gaudissart, le grand diplomate du comptoir, est mort. On est servi par des muets, dans ces bazars orientaux, l'éloquence est devenue superflue. Le charme tient au bon marché et suffit à attirer les clients.

A CINQ HEURES, l'activité de Paris travailleur commence à se ralentir, les magasins se vident, les bibliothèques publiques rendent leurs lecteurs, l'avenue du bois de Boulogne s'anime, et les cafés s'emplissent.

C'est alors que dans les restaurants, dans les ménages, commence ce grand travail dont Paris est
toujours fier, celui du diner. La fumée noire des usines
s'éclaircit, mais au-dessus de tous les toits monte la
fumée bleue, odorante, des sacrifices offerts à la
Vénus aux carottes.

***

DE SIX A SEPT HEURES, Paris s'enferme.

A HUIT HEURES, toutes les industries crépusculaires
rôdent autour des chercheurs de plaisirs. C'est à
cette heure-là que tu trouveras, ô Télémaque, des
Mentors officieux pour te renseigner sur Calypso et
ses nymphes, pour ouvrir ou fermer la portière de
ta voiture, pour t'offrir des billets de spectacle
plus chers qu'au bureau.

Toute la légion des ramasseurs de bouts de cigare,
des ouvreuses de loges, des contrôleurs de théâtre,
des acteurs, des chanteurs, des malheureuses qu'on
appelle les *tapisseries* et qui complètent le bouquet
étalé sur les tréteaux des cafés-concerts, commence
son travail.

Quand tu sors du théâtre, si tu ne vas pas souper,
si tu rentres tout droit dans ton hôtel, dans ta maison meublée, en éteignant tes rêves, et en te disant :
— Paris dort, je vais dormir ! — tu te prives encore de cinq ou six tableaux du Paris ouvrier.

Je ne te parle pas des journaux que l'on compose, que l'on imprime pendant la nuit; mais tu peux entendre, en te mettant à la fenêtre, le *han* énergique et continu du boulanger.

La Commune de 1871 voulut condamner Paris au pain rassis et défendit le travail nocturne, qui nous vaut du pain tendre. La réforme déplut aux boulangers, qui protestèrent. Ils tinrent à rester une des voix de la nuit. Est-ce à cause de leurs soupirs qu'on a donné le nom de soupirail à l'issue que prend leur halètement?

La Commune, pour être logique, aurait dû interdire également à ces sombres *omnibus* qui ne prennent pas de voyageurs leur fonctionnement nocturne. Puisqu'elle s'intéressait à *l'alpha* de la digestion, pourquoi dédaignait-elle *l'oméga*?

La Commune manquait de logique sur ce point, comme sur beaucoup d'autres. Elle ne fit rien non plus pour les chiffonniers; il est vrai que la race de ces philosophes est beaucoup diminuée et se raréfie de plus en plus, depuis que l'ordure de Paris a été reconnue précieuse et affermée, comme un pactole, à des entrepreneurs.

A DEUX HEURES DU MATIN commence le défilé des voitures de maraîchers. La halle est une *Belle de nuit*. On dirait que cette ville gourmande et spiritualiste a la pudeur coquette de tout ce qui con-

cerne son ventre. Elle ne laisse voir au soleil que
la table parée, en gardant pour la lune les prépa-
ratifs et la liquidation du festin.

A QUATRE HEURES, l'aiguille recommence son tour
sur le cadran.

* * *

Je ne prétends ni à une nomenclature complète,
ni à un tableau suffisamment coloré du Paris qui
travaille.

N'oublie pas, mon hôte, que j'esquisse pour toi
un guide sommaire. Je veux, non pas rassasier ta
curiosité, mais l'éveiller. Il me faudrait dix volumes
pour une étude approfondie, et un dictionnaire plus
gros que le *Bottin*, pour une simple énumération.

Je t'ai mis à l'oreille ce cadran qui ne se remonte
jamais et dont le tic tac joyeux a une cadence mu-
sicale. Amuse-toi de l'entendre; amuse-toi d'en
analyser chaque pièce, et souviens-toi que dédaigner
le Paris qui travaille, c'est méconnaître la doublure
de même étoffe du Paris qui s'amuse.

XIII

PARIS-FINANCE

Tu n'attends pas de moi, mon hôte, une disser-
tation sur l'escompte, le change, le report, le déport,
et les autres manœuvres de la diplomatie financière.
Mais j'ai parlé trop souvent déjà de la Bourse,
en te faisant la topographie du Paris vivant et du
Paris amoureux, pour qu'avant d'aborder le Paris
misérable et criminel, nous ne fassions pas ensemble une halte de quelques instants sur cette place
qui n'est pas le cœur de Paris, mais qui en est bien
certainement le *foie* ou la *rate.*

*
* *

Le financier parisien a-t-il une physionomie spéciale? Non, et je compléterai la définition en

l'assurant que le Parisien est un très-mauvais financier.

En revanche, les financiers venus d'Allemagne,
de Suisse et d'Espagne, qui tiennent le haut du
pavé de Paris, sont de mauvais Parisiens.

Je ne pourrais pas te citer le nom d'un seul de
ces formidables enrichis modernes, qu'on puisse
placer à côté de celui de Monthyon, et les financiers
qui ont spéculé sur les embellissements, les assai-
nissements et les percements de Paris, n'ont jamais
eu l'ambition d'ajouter un souvenir de gratitude
aux monuments qu'ils ont contribué à élever.

Paris compte plus de quarante financiers, deux
ou trois fois plus riches que sir Richard Wallace,
sans qu'un seul ait eu l'idée de faire construire
même une borne-fontaine, pour donner à boire de
l'eau claire à ceux qu'il a pu exposer à mourir de
faim.

Un jour un de mes amis visitait un des plus
heureux spéculateurs de ce temps-ci, et admirait,
dans son hôtel, de belles statues, de merveilleux
tableaux.

— Hélas! — soupira le financier, — je n'ai pas d'enfants, d'héritiers directs. A qui, après moi, iront
ces trésors?

— Pourquoi ne les légueriez-vous pas aux musées?
répliqua mon ami.

— Tiens! je n'y avais jamais pensé! reprit le
baron Midas, fort surpris et au fond un peu scan-
dalisé de l'observation.

Ils pensent à s'enrichir, à faire monter ou descendre le cours des valeurs ; ils ont des jeux féroces ; mais ils ne songent jamais, ces financiers, à léguer par un bienfait, par une fondation, leur mémoire à la reconnaissance des générations.

***

C'est qu'ils ont tous, plus ou moins, l'art des spéculations, sans en avoir le génie ; or, il n'y a que le génie pour donner l'orgueil du beau, et la révélation du bien.

Jamais, à aucune époque, les financiers ne furent associés à autant d'entreprises. Depuis trente ans, ils ont pétri la France et Paris. Pas un n'a songé à mêler à son gain un atome de sentiment, un éclair de sympathie idéale !

Il est vrai que ceux qui sont Parisiens ne sont jamais absolument sûrs de garder leur fortune.

Quand il n'y a pas d'alliage exotique dans le lingot amassé par un enfant de Paris, il est à craindre qu'un jour le lingot ne se désagrége, ne s'effrite et ne s'évapore.

***

Étudie donc bien l'accent de ton banquier, avant de lui confier l'argent de ton voyage. Ce n'est pas une affaire de probité, grand Dieu! c'est une affaire de nationalité.

A crédit égal, le Parisien est aussi honnête que le Suisse le plus flegmatique; seulement il n'a pas l'art de conserver aussi bien ce qu'il a acquis, souvent avec plus de talent.

Le Parisien n'est ni avare, ni calculateur, ni grippe-sou. Quand il se fait financier, c'est par amour du jeu et parfois aussi pour favoriser le jeu de l'amour.

De même que M. Ingres avait avant tout la prétention d'être un violoniste de première force, et que Lamartine était plus fier de ses vendanges que de ses poëmes, le Parisien, qui a la vocation du savetier, battant ses semelles en chantant, ne veut pas démordre de l'idée fixe d'être un financier sérieux.

L'insuccès constant du vrai Parisien, dans ce genre d'industrie, ne le rebute pas.

Il semble que la joie d'avoir un bureau à soi, des garçons galonnés, un portefeuille de cuir sous le bras, de s'entendre appeler M. le directeur, de présider un conseil d'administration, surpasse pour lui toutes les autres joies humaines.

Pendant la période de succès qui ne manque jamais à l'œuvre la plus folle d'un Parisien, le financier pour rire s'étale avec une ingénuité sans pareille; galerie de tableaux, dorures sur ses grilles, son chiffre jusque sur l'asphalte, sa loge, même aux Français, et son journal financier, à lui tout seul, voilà le moindre de ses rêves.

Les banquiers venus du dehors ne se laissent jamais

entraîner par cette exubérance; aussi n'a-t-on jamais à liquider leurs galeries, à gratter leurs grilles et à mettre aux enchères leurs journaux. Patients et constants, ils thésaurisent.

* *

Je ne me permettrai pas de douter de l'esprit réel d'un banquier inamovible. On cite quelquefois des mots de financiers. Mais je puis, sans manquer de respect à la finance, assurer que l'esprit n'est pas la condition nécessaire du succès à la Bourse; il serait plus facile de prouver que c'est l'esprit qui nuit à la bonne volonté financière du Parisien.

Dans tous les pays où l'on *tripote*, la première condition pour agir est la possession d'un sac bien garni. A Paris seulement, on s'improvise banquier, financier, en bâtissant sa fortune chimérique sur une *idée*.

Avoir une *idée*, pour le Parisien, c'est avoir la graine d'un million.

Quand deux décavés se rencontrent sur le boulevard, s'il leur est impossible de s'emprunter quelques louis, ils s'interrogent réciproquement et se demandent :

— « As-tu une *idée* ? »

Je ne veux toucher à aucun nom, je ne veux réveiller aucune mémoire ; mais si tu connaissais la chronique financière de ces vingt dernières années, tu verrais que les financiers les plus aventureux, les plus célèbres par leur ascension rapide et par leur chute, avaient pris leur élan sur le tremplin d'une *idée*.

Défie-toi, mon hôte, de l'homme à *idées* qui t'abordera et voudra te faire souscrire à son *idée*.

C'est surtout si elle est bonne qu'il faut en avoir peur, car alors la présomption de l'inventeur sera d'autant plus grande et sa témérité d'autant plus folle.

En général, ne confie ton argent qu'aux établissements les moins ouverts aux idées. Les idées enrhument l'argent.

Encore une fois, les financiers sont-ils plus ou moins honnêtes à Paris qu'ailleurs? Non. Le danger n'est pas dans l'improbité; il est dans la nature particulière et évaporée de la probité. L'homme d'argent à Paris est souvent sa première dupe. Il croit trop à ses illusions; il grise les autres avec sa propre ivresse.

A quel signe reconnait-on le financier maraudeur? Comment le distingue-t-on du financier breveté, assis?

Je serais embarrassé pour te donner une photographie précise; mais je puis au moins te donner un conseil. Repousse la main de l'homme de bourse qui t'offre à déjeuner.

Le plus terrible harpon, c'est la fourchette. Les financiers n'ont pas donné pour rien un nom à une sauce; mais c'est surtout le client qu'on mange à *la financière*. Prends garde aux invitations.

Je pourrais te signaler des cabinets particuliers où l'innocence du porte-monnaie succombe infailliblement, et je connais des garçons, complices ingénieux, qui n'ont pas besoin de recevoir tout haut des ordres, ni un menu, pour savoir préparer l'empoisonnement fatal.

**

Les corsaires ont souvent des pavillons pour couvrir leur méchanceté qui tient lieu de marchandise.

Un procès récent a révélé le *truc* d'une industrie toute parisienne qui fournit, à prix débattu et à jour fixe, non-seulement un mobilier, des casiers, des tapis verts pour la salle du conseil, mais aussi un conseil d'administration, des chefs et des sous-chefs de bureaux, des caissiers, des employés et des devises.

Je suis, tu le comprends, mon hôte, sur un terrain scabreux ; j'éprouvais moins de difficultés à te définir le Paris des amours ; j'ai peur de trop souligner certains traits, et je ne voudrais pas diffamer, même un financier.

A plus forte raison, vais-je passer rapidement sur la question des journaux de finance. Ils sont devenus une des nécessités de la vie moderne. Comme toute feuille imprimée et reflétant un désir, un regret, une espérance, une ambition, une convoitise de l'âme humaine, le journal financier a ses erreurs, ses partis

pris, ses violences calculées et ses indulgences intéressées. En matière de finance, comme en politique
et comme en amour, la probité native et constitu-
tionnelle ne garantit pas d'une certaine perfidie;
toute œuvre qui plaide une cause force un peu ses
arguments.

Contrôle donc ton journal financier par le journal
financier de ton voisin, et dégage la moyenne. Ne
crois à la solidité du *bitume alimentaire*, des mines
de *Fontenay-aux-Roses*, que quand tu auras lu tout
le mal, après tout le bien, qu'on en peut dire.

Veux-tu savoir à quel point l'influence d'un journal financier peut être funeste? Écoute cette histoire
dont j'ai connu les acteurs.

Le rédacteur en chef d'un journal politique reçoit
un jour la lettre d'un brave curé de campagne, ainsi
conçue :

« Monsieur,

» Qui n'entend qu'une cloche n'entend qu'un son.
Je reçois le journal financier le X..., et dans ce
journal, je vois annoncée la grande affaire des Z...
Il paraît, d'après mon journal, que les résultats seront
prodigieux. J'avais disposé de la somme de cinq
cents francs pour faire un premier versement sur les
actions, quand M. le maire, qui est abonné à votre

journal, m'a donné l'idée de vous consulter ; il assure que vous me direz toute la vérité ; que vous êtes l'ennemi des spéculateurs effrontés.

» Je cède au conseil de M. le maire, qui est un homme de jugement. Je vous envoie donc mes cinq cents francs, en vous demandant de souscrire tout de suite, si l'affaire est vraiment ce qu'on annonce. Il n'y a pas de temps à perdre. Dans le cas où je me serais trompé, veuillez avoir la bonté de me le dire. Je me reprocherais d'enlever aux pauvres un argent que je ne songe à multiplier que pour augmenter leurs ressources.

» Recevez, etc..

» Z..., curé de.......»

Le rédacteur en chef du journal en question répondit par le premier courrier :

« Monsieur le curé,

» L'affaire est une flouerie manifeste. Personne n'en est dupe. Je tiens vos cinq cents francs à votre disposition. »

Réplique du curé :

« Monsieur le rédacteur en chef,

» Je vous remercie de toute mon âme de votre excellent renseignement. Puisque l'affaire vous parait si mauvaise, soyez assez bon pour ne prendre que pour deux cent cinquante francs d'actions. Qui sait ! L'affaire se bonifiera peut-être !...

» Z.., curé de... »

Les cinq cents francs furent renvoyés au curé, avec une charitable mercuriale ; mais le pasteur entêté qui ne voulait désespérer ni du pêcheur ni de la pêcherie, s'obstina et versa ses deux cent cinquante francs, par complaisance pour son journal financier.

En somme, mon hôte, ce n'est pas à la Bourse, c'est à la police correctionnelle que l'on apprend le mieux à connaître certains financiers ; quelquefois la cour d'assises s'en mêle ; c'est plus souvent sur le banc des escrocs ou des vagabonds que d'anciens ministres, des descendants des croisés, complices ignorants et naïfs de quelques aigrefins, viennent confesser leur étourderie et liquider leurs rêves dorés.

C'est là qu'on voit défiler ces viveurs sans capital, qui, n'ayant le secret d'aucun métier, se sont faits spéculateurs, parce qu'ils ont eu l'*idée* qu'il restait un coin de la vanité, de la sottise des parvenus à exploiter.

Voilà le feu descendant des rois de X... qui a associé un notaire à la commandite de son trône, et, moyennant finances, l'a nommé autant de fois ministre que l'orgueil du tabellion a voulu embrasser de portefeuilles.

Voilà le débris du dernier empire, qui, ne pouvant se consoler d'une auréole perdue, a voulu retrouver dans des millions fringants le droit à l'insolence que sa chute des honneurs lui avait fait perdre.

Voilà l'élégant, sans scrupule, qui a entretenu deux maîtresses avec l'argent de bons bourgeois séduits par son éloquence.

Voilà le grand seigneur qui a fait de son nom une enseigne, et de son écusson le trophée d'une grosse caisse, sans caisse.

Voilà le réformateur imperturbable qui a prétendu que si la loi ne se laissait pas séduire, il fallait la violer, et qui cherche à prouver que la loi n'a pas à se plaindre.

Voilà le rêveur qui a eu trop de foi dans son idée et qui, après lui avoir livré son dernier sou, a jeté, comme Bernard Palissy lançant ses meubles dans le four, son honneur dans le brasier de la spéculation.

Voilà le fou, le spirite, qui consultait des pythonisses sur la hausse et la baisse !...

Il y en a bien d'autres encore, tous singuliers, pittoresques, n'ayant rien de l'escroc vulgaire.

Fais ton possible, mon hôte, pour ne pas courir le risque d'être témoin, c'est-à-dire plaignant dans un de ces procès. Achète, dépense, donne, gaspille ton argent; mais résiste à la tentation, si elle peut te venir, de l'augmenter par une spéculation.

De toutes les façons de perdre, c'est la moins spirituelle et la plus cuisante.

XIV

PARIS-MISÈRE

Est-ce que le Paris de la misère existe?

Il semble impossible à première vue que dans cette ville riche, humaine, où l'on secoue tant de miettes par les fenêtres, où l'on balaye tant de reliefs d'ortolans par les portes, où les cœurs semblent toujours en étalage sur les figures, comme les bijoux aux vitres des bijoutiers, la misère puisse être autre chose qu'un malheur accidentel bien vite réparé.

— Sans doute, se dit-on, la ruine subite, le chômage forcé, mille causes imprévues peuvent faire entrer la faim pour un jour, pour quelques jours, tout au plus, dans ces maisons correctes; mais il y a tant de sociétés charitables, tant de bon vouloir flottant au-dessus de ces foules convenablement mises, que la misère de Paris doit être une maladie aiguë intermittente et non une maladie chronique.

Parce que tu as vu, ou le quartier Saint-Gilles de Londres, ou les rues sinistres de Berlin, ou les bouges transtévérins de Rome ; parce que tu as rencontré ces cockneys déguenillés qui font la roue devant les promeneurs, pour se moquer de la roue qui les broie ; parce que tu t'es détourné de ces malheureuses, hâves et à peine couvertes de haillons, qu'on entre-voit jusque sous les Tilleuls ; parce que tu as tres-sailli à la vue de ces faméliques enfiévrés qui gre-lottent sur les degrés de Saint-Pierre, et que tu ne vois rien de pareil à Paris, ne te hâte pas de te dégonfler la poitrine et de dire : — A la bonne heure ! ici du moins la lèpre est guérie !

Non, mon hôte, seulement ici il lui est interdit de circuler. Partout ailleurs la misère est un mal ; à Paris, elle est de plus un délit.

Ne va pas calomnier Paris, et l'accuser pour cela d'hypocrisie. Cette décence est absolument dans les mœurs et s'impose naturellement aux misérables, comme à ceux qui peuvent les secourir.

Le goût parisien s'étend jusqu'à la faim. Celui qui souffre est honteux de souffrir dans cette belle ville, et cherche l'ombre.

Paris, par le seul fait de son rajeunissement, humilie la barbarie de la misère qu'il ne peut domp-ter. Cette grande cité si blanche absorbe ces taches

navrantes qui souilleraient sa propreté coquette. Il
est convenu, même sans que la police s'en mêle, que
l'étranger doit être jaloux de cette population uni-
versellement gaie, active. Le mendiant est rare; il
n'a rien de pittoresque; la *cour des miracles* est un
souvenir légendaire, et ceux qui par tradition ten-
dent la sébile à la porte des églises sont des rentiers,
autorisés par M. le curé, qui ont une place privi-
légiée et qui exercent une fonction.

***

Encore faut-il pour que M. le curé permette sous
le porche la mendicité, qui est un des fleurons de
l'Église, que le mendiant n'ait pas une infirmité trop
désagréable, et ne trouble pas jusqu'au dégoût la
douce pitié des paroissiens.

Dernièrement, un mendiant, un vrai, un pur, avait
obtenu, je ne sais par quel privilége, la permission
de circuler dans Paris. Il était fantastiquement
hideux; il avait eu les yeux brûlés; ses paupières
sanguinolentes mettaient un anneau rouge et enflam-
mé autour d'une cavité purulente.

Les journaux protestèrent, et l'aveugle dut se faire
conduire dans je ne sais quelle retraite; mais sois
bien certain que tu ne le verras pas.

Autant que possible, Paris veut que le pauvre
dissimule sa mendicité sous le prétexte d'un métier.

Une femme n'a pas le droit de solliciter avec son

enfant dans les bras, si de la main qui supporte son fardeau, elle ne tend pas des fleurs, un petit bouquet de violette, toujours offert, jamais acheté. Il y a autant de mauvais goût à recevoir cette petite marchandise qu'à refuser de se laisser émouvoir par elle.

Les feuilles de papier à lettres, les enveloppes, les crayons, sont aussi le fonds de commerce des misérables.

***

Arrive-t-il quelquefois que le prétexte fourni au mendiant lui soit un conseil profitable et que de cette ironie il dégage une ressource? Le paresseux affamé devient-il industrieux par la routine d'une petite industrie inespérée?

C'est là ce que je ne saurais dire, mais il faut avouer, en tout cas, que la mesure prescrite peut être une leçon.

Les orgues, les serinettes, les instruments et la voix, si le pauvre peut chanter, sont encore des apparences de métiers; mais remarque l'étrange fatalité des musiciens tolérés !

Dans les quartiers riches, où l'aumône serait abondante, l'entrée des cours est absolument interdite aux chanteurs et aux joueurs d'orgues. Ce n'est que dans les quartiers et dans les maisons pauvres que les pauvres sont accueillis avec leurs moyens d'émouvoir.

Est-ce la police qui intervient ? Non. Est-ce le propriétaire qui a intimé la défense ? Non. Sont-ce les locataires ? Non.

C'est ce tyran, jaloux de mendicité, cet accapareur de bonne grâce, ce tourmenteur, communard et aristocrate, qu'on appelle le concierge.

Ah ! mon ami, si tu devais rester à Paris, comme locataire ou comme propriétaire, je ne passerais pas devant le cabanon de cet être féroce, sans le décrire. Mais hôte de quelques semaines, promis et livré à l'exploitation du concierge, tu en auras toutes les douceurs, sans avoir le temps d'en expérimenter les amertumes.

L'administration à Paris étend sur les pauvres sa sollicitude jusqu'aux paroles. Il n'est pas permis d'importuner les passants par de longs discours. La bureaucratie impose des formules à la misère, et un aveugle peut faire reproduire sur un écriteau l'accident qui l'a privé de la vue, sans qu'il lui soit permis de dire autre chose que: « Ayez pitié d'un pauvre aveugle ! »

N'admires-tu pas, mon hôte, comme on donne,

à Paris, de la décence, de l'ordre, de la régularité à toute chose ?

Quand on ne peut empêcher la misère, n'est-ce pas un grand avantage que de la discipliner et de la rendre moins importune ? Peut-être qu'elle pèse moins aux misérables, quand ceux-ci s'aperçoivent qu'elle pèse moins aux passants !

Si d'aventure, comme cela se voit dans les drames, un jour de détresse épouvantable, un homme descend dans la rue et tend la main, sans avoir appris la formule réglementaire, ou sans la précaution d'un paquet de crayons, il risque d'être appréhendé au corps et de passer en police correctionnelle, non pour avoir mendié sans cause, mais pour avoir mendié autrement que selon la formule.

Ne t'avise pas de trouver quelque chose à redire à cette obligation; car tu aurais contre toi l'avis des gens raisonnables.

*
* *

Meurt-on de faim à Paris ?

Oui, mais ce n'est pas la faute de Paris ; c'est la faute des gens qui négligent de se faire inscrire au bureau de bienfaisance, de se soumettre aux enquêtes exigées par les gens charitables résolus à ne secourir que des misères orthodoxes. La pauvreté fière est regardée comme un vice, et l'un des proverbes les plus gais de Paris, c'est que les pauvres honteux ont toujours tort.

Cette obligation de faire enregistrer et breveter sa misère pour qu'elle soit secourue, encourage quelquefois le crime; et des esprits égarés, incapables de soumission, trouvent qu'il est plus expéditif de voler un morceau de pain que de l'attendre.

Mais les tribunaux font ce qu'ils peuvent pour diminuer cette indépendance des misérables et pour obtenir cette réglementation des affamés.

***

Des utopistes de ma connaissance, parmi ceux qui réclament le rétablissement des tours, pour diminuer le nombre des infanticides, voudraient qu'on établît également des tours pour les gens mourant de faim, afin de diminuer les suicides, et que ceux qui n'ont pas le courage de tendre la main officiellement, eussent toujours à leur portée un morceau de pain, dans lequel ils pussent mettre furtivement les dents.

C'est là, tu le comprends bien, un rêve chimérique.

Je sais qu'il eût semblé impossible, il y a cinquante ans, d'avoir des jardins dans Paris sans qu'ils fussent piétinés et bouleversés; et quand on établit les fontaines Wallace, tous les esprits judicieux prédisaient que les tasses destinées à boire l'eau ne résisteraient pas à la malice universelle.

Aujourd'hui personne ne s'avise de cueillir une fleur que rien ne défend, personne ne songe à casser, à salir une tasse offerte à tout venant.

S'il y avait, dans certains endroits, un buffet donnant à l'affamé timide une portion de pain, il y aurait peut-être des chances pour que les gens repus passassent devant l'aumône, sans voler la part des pauvres!

***

Mais ce qui n'est pas une utopie, c'est l'étude des malheureux, l'art de les découvrir.

Cette fois, mon hôte, je ne te dis plus de te méfier. Le *truc* consiste à savoir trouver une occasion de dépense.

Donner à qui demande, c'est bien; donner à qui n'ose demander, c'est mieux!

Si dans ton budget tu as réservé quelque somme pour les bonnes œuvres, adresse-toi franchement à un Parisien. Il n'est pas un de nous, sois-en convaincu, qui ne connaisse des misères cachées et qui ne te procure la joie de les soulager.

***

Veux-tu par exemple une date fatidique, qui ne vient jamais à la pensée d'un millionnaire?

Choisis, pour la débauche de ta bienfaisance, le 8 de chaque trimestre : le 8 janvier, le 8 avril, le 8 juillet, le 8 octobre.

Ce jour-là est l'échéance des petits loyers. Ah ! mon hôte, si tu n'as pas un rendez-vous d'amour, ou si tu sors d'un rendez-vous qui t'a agrandi le cœur, en te donnant la passion d'aimer beaucoup ; ou encore si, trahi par tes amis, par ta maîtresse, oublié par ta femme, méprisé par toi-même, te sentant prêt à te haïr et à haïr les autres, tu veux te réconcilier avec les hommes et avec les femmes, en te réconciliant avec l'humanité, va faire une tournée dans les quartiers excentriques, et quand tu verras un homme attelé à une petite charrette sur laquelle il y a un matelas, deux chaises et des loques, regarde bien ! Si la femme qui suit ce déménagement pleure, si l'enfant est pâle, si l'homme est soucieux, tu es fixé ; palpe ton cœur et visite ton porte-monnaie. Il y a là du bien à faire, des larmes à sécher, des espérances et du courage à donner.

*
* *

Veux tu un autre *truc* un peu plus compliqué, mais d'un effet certain ?

J'espère pour toi que tu ne connais pas le mont-de-piété. En général, il est peu de Parisiens, au-dessous d'un certain revenu, qui ne le connaissent.

Ah ! si les rayons du grand dépôt pouvaient

parler! si les bureaux écrivaient leurs mémoires, combien de drames secrets, invraisemblables seraient mis à jour! combien de misères perdraient leur masque!

Un jour, va t'asseoir dans un bureau d'engagements du mont-dé-piété.

N'y va pas un dimanche, ni un jour de fête! L'administration, je ne sais pourquoi, a jugé que, ce jour-là, le pain ne manquerait nulle part; que personne n'aurait à mettre en gage un bijou, un vêtement, pour payer le médicament d'un mari ou d'un enfant malade.

Les dimanches et les jours de fête, on dégage, mais on n'engage pas.

Va donc, dans la semaine, observer ce qui se passe au guichet d'un de ces confessionnaux de la misère.

Une femme se présente et dépose un paquet sur la tablette; l'employé priseur examine; une minute terrible, moins d'une minute, qui donne le froid de l'agonie, pâlit encore la femme toute pâle.

— On ne prête pas là-dessus, dit l'homme.

La femme pousse un soupir d'effarement.

— Vous savez bien, continue l'employé d'un ton plus doux, qu'on ne prête pas moins de trois francs.

Tu as compris tout ce qu'il y a d'effroyable dans cette réponse. En râtelant des doigts le fond des armoires, des tiroirs; en prenant la dernière chemise du mari, les derniers langes de l'enfant, la femme n'a pas pu réaliser un nantissement qui vaille trois francs !

Elle n'aura rien !

Un de mes amis a vu à Londres un *pawn broker* de Fleet street donner deux *pence* (quatre sous) à une femme, sur un fer à repasser. Quatre sous ! c'était du pain. A Paris, où tout est cher, même la misère, on ne donnerait pas quatre sous à une mère.

Ah ! si tu savais ! Si j'avais le temps de te raconter tout ce que racontent les échos du mont-de-piété ! Si je te disais que de pauvres ménages n'ayant pas acheté de pièces de mariage, et ayant fait bénir une pièce de cinq francs, la mettent en gage pour 4 fr. 50 et l'entretiennent pendant des années au mont-de-piété, au taux de 12 ou 14 pour 100 d'intérêt, plutôt que de la laisser vendre !

Combien de fois un directeur compatissant n'a-t-il pas dégagé lui-même un objet qu'une pauvre femme était exposée à payer dix fois plus que sa valeur, sans parvenir jamais à le retirer ?

Tu peux varier tes drames. La police correctionnelle est un fouillis de scenarios de quatrième acte.

Entre dans une de ces belles salles restaurées et qui semblent des bibliothèques ou des réfectoires avec leurs lambris de bois de chêne, tu entendras vraisemblablement un dialogue comme celui-ci :

— Femme X..., vous êtes accusée d'avoir mendié et même d'avoir commis un abus de confiance.

— Voici ce que c'est : Je suis marchande des quatre saisons. Après la vente, je suis allée au Temple acheter quelques nippes pour mes enfants qui grelottaient de froid. Le soir, je n'ai pas pu rendre six francs à une dame qui me les avait prêtés, et comme elle n'a pas voulu me faire crédit pour le lendemain, j'ai mendié, oui, j'ai mendié pour nourrir mes enfants.

Elle sera condamnée, cette mendiante ; mais si tu ne peux l'empêcher de partir, mon hôte, songe aux petits enfants qui restent, qui vont l'attendre et qui ont faim !

***

Il y a encore bien d'autres *trucs* à t'indiquer.

Regarde les passants, et si tu as de la philosophie, de l'intuition, tu devineras sous tel paletot râpé, sous telle blouse cent fois rapiécée, et pourtant propre, des estomacs qui ont faim.

Regarde, et comme il y a un magnétisme, un aimant dans le regard charitable, le pauvre honteux et fier qui passe s'arrêtera pour te sourire et te faire pleurer.

Fais la chasse à la misère. Elle est toujours ouverte à Paris.

Prends garde à ce lieu commun, souvent vrai, bien souvent faux, que le vice, la paresse, l'ivrognerie sont seuls à engendrer la pauvreté.

La vie de Paris est faite de hasards, et dans ses engrenages multiples, aveugles, il y a bien des écrasements sans imprudence !

On a souvent ri de l'homme qui commence par vous demander un louis et qui ensuite finit par accepter cinquante centimes.

Hélas ! Qu'est-ce que prouve ce rabais subit et prodigieux ? C'est que, par amour-propre, le malheureux voulait paraître avoir besoin du superflu, et qu'il n'osait pas demander le strict nécessaire. Il est si dur d'avouer qu'on a faim ! Cela paraît si bête et si invraisemblable ; on aime mieux laisser croire qu'on ne peut se passer d'un bon cigare.

* * *

Cependant, je t'abuserais cruellement, si je t'amenais à croire que Paris est exclusivement la capitale des misères pudiques.

Si tu te méfies, pour pouvoir mieux les secourir, de ceux qui ne t'avouent pas leur détresse, méfie-toi, pour te bien garder de les encourager, de ceux qui te l'avouent trop facilement.

Ferme ta porte à ceux qui t'apportent des lettres, des certificats à domicile.

Sois implacable envers les victimes de tous les

gouvernements qui meurent de faim sous la République, de ce que Napoléon III n'a pas voulu leur faire des rentes.

Ne permets pas aux bohèmes de te mettre sur leur liste régulière.

On a raconté à satiété la réponse d'un millionnaire, qui prouvait par ses livres qu'il eût été ruiné vingt fois, s'il avait répondu à toutes les demandes faites à sa caisse.

Il n'est pas besoin d'être millionnaire pour être sollicité. Tout homme un peu signalé à la notoriété, par son nom ou sa fonction, est livré aux sollicitations des mendiants à domicile.

Un de mes amis voyait venir tous les mois le fils d'un ouvrier, qui réclamait toujours une aumône pour retirer les outils de son père, incessamment engagés au mont-de-piété.

— Qui t'a donné mon adresse? demanda une fois mon ami impatienté.

— Monsieur, répondit l'enfant, vous passiez il y a trois mois, en voiture, lisant une lettre. Vous avez jeté l'enveloppe par la portière: — Ramasse-la, m'a dit ma mère. C'est une adresse que la Providence nous envoie, et depuis ce jour-là, nous vous avons adopté.

Ce chantage à la Providence est très-pratiqué dans les intérieurs où la femme est dévote.

Que sont, en général, ces quêteurs à domicile?

Des paresseux de naissance, des découragés de l'absinthe, des ruinés sans énergie, qui roulant dans l'abîme n'ont pas essayé de se raccrocher en route à une aspérité, et qui préfèrent le parasitisme et l'escroquerie au travail.

Quant à ceux qui, comme les émigrés du siècle dernier, acceptent leur exil de la vie facile et large, pour aspirer à devenir travailleurs, d'oisifs qu'ils étaient, il faut les encourager, les aider et les honorer, mon hôte.

Nous avons tous connu un marquis cocher de fiacre.

Il arriva à un ancien viveur une singulière aventure. Je n'oserais la conseiller comme sujet à un dramaturge, et pourtant quel drame sombre et pittoresque !

Celui-là, dégringolé du ciel de l'élégance parisienne, s'était baissé comme Ruy-Blas, et pouvait dire :

J'ai ramassé du pain, frère, où j'en ai trouvé.

Il s'était fait cocher des voitures barométriques ; il était fier de conduire ces lourdes machines attelées de quatre chevaux.

Il disait plaisamment : — Je ne suis plus *riche*, je suis *Richer*.

12.

Un matin, après une veillée capiteuse devant un hôtel qui lui avait rappelé ses années de jeunesse et de gaspillage, il fut pris d'un accès de fièvre, de folie. S'imaginant tout à coup avoir en main, comme jadis, les guides d'un attelage à la mode, il s'élança à travers les rues jusqu'aux Champs-Élysées et au bois de Boulogne, secouant et semant sur son passage l'horreur de son cauchemar.

Près de la cascade, il tomba de son siége, roula sous les roues et fut tué, en face du turf témoin de ses anciens exploits.

***

Paris possédait autrefois des entrepreneurs de misère. On les a traqués et dégoûtés du métier.

Les derniers en ce genre furent les embrigadeurs de *pifferari*, qui allaient les acheter en Piémont et dans la haute Italie, pour venir les exploiter ici.

Tu n'as plus à t'en défier. Prends plutôt garde aux entrepreneurs de charité.

En général, mon hôte, suis ton initiative; ne consulte qu'elle, et quand on t'obsède de quêtes ou de lettres, réponds:

— J'ai mes pauvres!

Mais pour les avoir, il faut aller les prendre. Ceux qui s'offrent ne valent pas toujours l'aumône, et ceux qu'on attend meurent avant d'arriver.

XV

PARIS-CRIMINEL

Après la misère, le crime! Mais rassure-toi, mon hôte, le crime à Paris est aussi décent que la misère; il fait parler de lui; mais rarement on le voit, et quand il se satisfait, c'est presque exclusivement au détriment de la famille. On se tue dans l'intimité, mais on respecte l'étranger.

Je commence par le meurtre, parce que c'est le crime le plus gros. Ce n'est pas le plus fréquent. Le vol et l'escroquerie dépassent, dans une proportion, heureuse pour l'adoucissement des mœurs, les attentats contre les personnes; le vice parisien est plus filou qu'assassin.

Sans doute, de temps en temps, des égorgements monstrueux, des autopsies fantastiques, font frissonner les Parisiens et les Parisiennes; mais il est rare que ces épouvantables violences ne soient pas des frénésies provinciales s'épanouissant à Paris ; et Troppmann est un exemple mémorable des importations funestes dont la capitale est la victime.

Prends donc garde aux pick-pockets, mais ne perds pas ton argent à acheter un revolver contre les assassins. On ne t'attend à aucun carrefour ; on ne te guette derrière aucune porte, et si tu as la simple précaution de ne pas prendre une maîtresse à la légère, de ne pas te marier sans renseignements, et de ne pas ouvrir trop souvent ta caisse ou ton portefeuille devant des amis improvisés, je puis garantir ta vie.

* *
*

Je le répète, c'est presque toujours en famille que les assassinats parisiens se commettent.

Je n'ai pas besoin de remonter à l'histoire de la duchesse de Praslin ; mais pour nous en tenir aux crimes les plus récents, Billoir n'a eu le courage de couper une femme en morceaux que parce qu'elle était sa maîtresse. Danval, le pharmacien, n'a empoisonné que sa femme. Lebiez et Barré tuent et volent une malheureuse, dont ils ont été les amants. Moyaux, pour se venger de la mère de sa petite fille, jette celle-ci dans un puits, et la veuve Gras ne fait attenter aux jours d'un gentilhomme, que parce qu'il est sa dupe intime.

Ce que je te dis là n'est pas consolant, sans doute,

au point de vue de la famille, de l'amitié, de l'amour mais c'est rassurant au point de vue de l'étranger, et ma fonction de guide commandait ces réflexions.

***

Le brigandage à Paris ne s'exerce donc plus au coin des rues. On a mis en opérette l'antique défi : la bourse ou la vie! C'est dans un boudoir et sous la menace d'un verre de vin de champagne, plutôt que dans un bouge, sous l'intimidation d'un pistolet, que tu cours des risques.

Excepté dans les bas-fonds où tu n'auras jamais la volonté de t'égarer, le Parisien qui a dépassé les inventeurs du vaudeville en fait de malice, très-fier de son habileté, de ses roueries, de ses trucs, n'est brutal qu'à son corps défendant. Ce qu'il rêve, c'est un bon tour qui l'enrichisse, ou tout au moins qui lui donne, pour quelques jours, le pouvoir de s'amuser, et, comme chante le baron de Gondremarck, dans *la Vie parisienne*, de s'en *fourrer jusque-là*.

Ce refrain, dans un style qui sent un peu l'argot, est le *Ça ira* du Paris criminel. Depuis l'escroc de haut ton qui veut *boire la volupté jusqu'à la lie*, jusqu'au don Juan de barrière, tout homme qui vole et qui cogne est un voluptueux impatient de s'en *fourrer jusque-là!*

***

Le voleur prudent, économe, n'existe plus. Le voleur jouisseur, dépensier, croit racheter, au point de vue social, le tort de son méfait par la libre circulation qu'il donne aussitôt à l'argent volé.

Les filles et les marchands de vins tout d'abord, et presque exclusivement, profitent du vol; aussi les boudoirs des donzelles et les cabarets sont-ils par excellence les souricières où ces fils insoucieux de Cartouche se font prendre.

Le vol avec effraction répugne au Parisien, artiste dans ses vices. Il trouve le procédé lourd, grossier, indigne de la civilisation. Il aime à préparer, à méditer son plan, à l'esquisser, à l'estomper, à le peindre peu à peu, et quand il l'exécute, il se croit sûr de son œuvre; par malheur, il y a souvent un détail oublié; la police, qui se connaît en artistes, signe parfois un tableau du nom de l'auteur à sa simple inspection.

La vanité perd souvent le coquin qui a tout déguisé en lui, excepté son orgueil. Combien de fois, en cour d'assises ou en police correctionnelle, ne voit-on pas un voleur ou un assassin corriger lui-même les dépositions d'un témoin, non pour en diminuer la portée, mais, au contraire, pour l'aggraver, en précisant un détail qu'on épargnait et dont on faisait tort à sa gloire.

Un voleur qui *faisait grand*, selon le mot impérial, louait un appartement splendide dans une maison dont tous les locataires appartenaient au monde des millions. Il restait six mois dans son logis, obtenait par ses manières distinguées, par la régularité de ses mœurs, l'estime de tous ; le concierge le citait comme un modèle, comme le *roi des locataires*, il rentrait de bonne heure, ne découchait jamais.

Un beau jour l'appartement situé sur le même palier était dévalisé. Notre homme fut le premier à crier au voleur et à demander la police.

Il cria trop ; la police arriva trop vite, et fut trop attentive à son zèle. Il fut pris et jugé. Il eut devant le tribunal un mot épique :

Comme on lui reprochait ses hypocrisies, sa préméditation longue et perverse :

— Pardon ! dit-il avec hauteur ; depuis quand reproche-t-on à un général d'être un bon stratégiste ?

Tout le Parisien est dans ce mot impertinent. Ce gamin est général par vocation ; il a la prétention de l'héroïsme et de la domination jusque dans le vol. Un vol bête lui répugne.

*_**

C'est un Parisien, et ce ne pouvait être qu'un Parisien, qui a inventé le vol *au bonjour*. Cette qualification gracieuse, toute aimable, n'est-elle pas déjà une forme de l'esprit de Paris ? Le vol au bonjour !

Cela sourit, et cela désarme la justice, comme cela désarme déjà le plaignant.

Très-ferré sur l'almanach des cent mille adresses, le voleur pénètre dans une maison, pour rendre visite à quelque locataire. Il sonne à un étage; si le locataire est chez lui, il lui donne le bonjour, s'excuse de s'être trompé d'étage et s'en va. Si, au contraire, la sonnette s'agite dans le vide, et si le locataire est absent, il ouvre la porte avec une fausse clef, fait sa tournée et sa rafle, puis se retire et dit au concierge :

— Je venais pour serrer la main de M. X..., il est absent, donnez-lui le *bonjour* de ma part.

C'est là de la haute comédie; seulement, je l'ai déjà dit, cet amour de la plaisanterie perd souvent le bandit parisien; il est bien rare qu'il résiste à la tentation de mystifier sa victime, et cette mystification lui coûte cher.

Un *bonjourier* (c'est le terme consacré) pénètre chez un bourgeois, lui prend sa montre, et à la place du chronomètre, suspend à un clou une carotte mirobolante; mais, voyez le guignon! la carotte avait été volée à la femme du concierge, marchande des quatre saisons qui, dévalisée plusieurs fois, avait eu l'idée toute parisienne de faire une marque à ses légumes. Elle se rappela avoir vu un individu fouiller dans sa voiture, en cherchant des légumes à acheter, et s'enfuir; elle donna son signalement, il fut arrêté et fut condamné pour la montre, après avoir été pincé pour la carotte.

*
* *

Voici, dans le genre tragique, une facétie analogue :

L'assassin d'une femme dont le mari était absent trouve parfaitement comique de déshabiller le cadavre, de l'affubler de vêtements d'hommes, et de lui dessiner des moustaches avec un bouchon noirci.

Au premier moment, les quiproquos les plus ridicules furent la conséquence de ce déguisement : un médecin, appelé à constater le décès, écrivit gravement dans son procès-verbal :

« Le corps du jeune homme était étendu sur le sol. »

L'assassin voulut jouir de sa plaisanterie. C'était un forçat évadé qui fut reconnu par la police ; il paya de sa tête, non pas seulement le meurtre, mais aussi, mais surtout les moustaches faites à sa victime.

*
* *

Je n'ai pas la prétention de te donner la nomenclature de toutes les façons de voler, multipliées et dénommées par le génie parisien. Tu n'entreprends pas un voyage de statistique ; il te suffit de savoir ce que tu dois éviter.

Ne te laisse donc jamais séduire par le proscrit qui t'offre à vendre un bijou de famille.

Dans les dernières années de l'Empire, on présentait volontiers des morceaux de verre taillés comme des diamants conquis dans le palais d'été de Pékin. La police correctionnelle a fait cesser cette expédition à l'intérieur.

Ne crois pas aux trésors cachés au pied des arbres des Tuileries, et défends-toi d'accepter la moindre invitation aux raouts de mademoiselle H... ou de la baronne de Z... Depuis la suppression des jeux et de la loterie en France, les tripots clandestins se sont multipliés avec une violence telle que la police ne suffit pas à les surprendre, et les cercles les plus honnêtes eux-mêmes ne sont pas toujours à l'abri des manœuvres de quelques escamoteurs.

Tiens-toi donc en garde contre les entresols capitonnés où des femmes fort belles s'effacent modestement devant les séductions de la dame de pique, où tu es exposé à rencontrer des majors étrangers, des Brésiliens faux teint, et des officiers de l'armée de don Carlos.

La police de Paris a un génie égal à celui des voleurs parisiens. Elle connaît autant de tours, elle a les mêmes finesses, le même tact, la même habitude des physionomies, et, grâce au concours que lui prête la presse, depuis le crime de Troppmann, elle est supérieure, dans bien des cas, au gibier qu'elle poursuit.

Le courage, l'audace, une probité fière, ardente, qui flaire les piéges, qui s'indigne des séductions, qui hume d'instinct les parfums suspects de l'improbité, donnent aux agents de la sûreté une netteté, une précision de vue admirables.

La vieille théorie des voleurs au service de la police est absolument passée de mode, au grand profit de la morale. Il restait toujours un arrière-goût de flibustier dans le gredin rallié, et Vidocq lui-même finit par avoir, pour son propre compte, des démêlés avec la justice.

C'était d'ailleurs un mauvais exemple à donner aux coquins que celui de la trahison. Il vaut mieux laisser la victoire du crime tout entière aux honnêtes gens que de la partager avec des filous convertis, ou des faussaires en état de grâce. Rien n'est supérieur au bien, et, de toutes les façons de refréner le mal, la meilleure est encore de lui montrer que la vertu a autant d'esprit, et l'honnêteté autant de finesse que le crime et l'improbité.

Je sais que les grands rôles de la filouterie sont joués par des artistes de premier ordre; en voici un, par exemple, qui eût humilié Vautrin.

Un escroc du grand monde se fait prendre la main

dans le sac; grand scandale! Le maître de la maison est impitoyable, il va envoyer chercher le commissaire.

Après quelques instances du fripon, au moment où un domestique sortait pour déférer aux ordres du propriétaire, on annonce l'arrivée de la police et de ses agents. Quelle coïncidence! Dans l'antichambre, en effet, le magistrat et ses agents exposent l'objet de leur visite; ils ont su que l'escroc devait tenter un coup ce jour-là même; ils l'ont suivi, et sont venus l'attendre au gîte.

N'était-ce pas là un secours admirable, et la police de Paris ne jouait-elle pas le rôle de la Providence?

L'arrestation s'opère; le brigand est emmené, tout penaud; le commissaire le fait monter dans un fiacre; mais dès que la voiture est en marche, la situation change; l'escroc arrêté serre les mains du commissaire et des agents, en les félicitant.

— Comme ça a bien marché! s'écrie-t-il.

Pendant qu'il suppliait pour qu'on ne l'arrêtât pas, le très-ingénieux filou avait trouvé le moyen de faire un signe à des compères postés dans la rue et, selon un plan arrêté pour tous les cas de cette nature, prêts à intervenir pour jouer la comédie de l'arrestation.

N'est-ce pas le comble de l'art, et crois-tu qu'une pareille mise en scène serait possible ailleurs qu'à Paris?

***

A ces ruses des voleurs, la police oppose les siennes; mais il faut se défier des confidences de ces diplomates de la sûreté publique, quand ils écrivent leurs mémoires. Depuis Vidocq jusqu'à Canler, s'il fallait les croire, ils auraient tous le génie de Talleyrand, avec la moralité en plus.

Je ne conteste pas, au contraire, la moralité; quant au génie, il est plutôt universel, ambiant, que personnel; la police a ses traditions, ses méthodes, fort ingénieuses, qu'elle transmet. Voilà pourquoi, sans abaisser le mérite du directeur actuel de la sûreté publique, je puis assurer qu'il n'a ajouté que des faits au trésor des notions acquises. Il n'y a plus de psychologie ni de stratégie à inventer.

Ce n'est pas comme M. Roch, dont les études spéciales ont considérablement abrégé les lenteurs et les douleurs de la dernière minute du condamné à mort. Celui-là peut solliciter un brevet; mais la police parisienne tient son talent de Paris.

Il serait injuste d'oublier la presse.

Désormais on peut dire que la recherche des crimes se fait en public, avec la collaboration de tout le monde. On n'a pas besoin d'offrir une prime d'argent, de provoquer la dénonciation dès qu'un grand crime est signalé, chacun se met à la besogne, et c'est la gloire du journalisme français d'avoir puissamment aidé la justice dans les affaires Troppmann, Billoir, Moyaux, etc...

Oui, c'est la gloire; car la solidarité des honnêtes gens, en augmentant l'action de la police, diminue son importance mystérieuse, légendaire et, par conséquent, son infatuation. Les pays les mieux gardés sont ceux où tout le monde garde tout le monde.

***

La police parisienne est devenue polie, humaine, et, dans bien des cas, sa bonté même fléchit les coupables.

Un ignoble assassin, Maillot le jaune, type effroyable, hâve, maladif, fiévreux, champignon des bas-fonds, fleur de toutes les impuretés, niait insolemment, intrépidement, pendant qu'on l'interrogeait pour la première fois.

Comme il grelottait, le commissaire de police, par un mouvement de pitié instinctive qui se trouva très-habile, lui dit :

— Approchez-vous du feu et chauffez-vous d'abord.

Maillot se chauffe, et, soudainement ému :

— Vous êtes un brave homme, vous; je vais assurer votre avancement.

Et tout aussitôt, il raconte une série de crimes, et dénonce une bande entière.

***

Le commissaire de police est le premier magistrat auquel tu aurais à t'adresser, soit pour un vol positif, soit pour une tentative de filouterie que les cochers et certains petits marchands pourraient tenter. Son intervention, officieuse et toujours gratuite, te laissera le seul souvenir aimable qu'un fonctionnaire français puisse donner.

Il semble que là seulement, par la peur de devenir trop facilement odieux, la douceur devienne une obligation des intermédiaires entre le public et la canaille.

***

Je ne serais pas éloigné de louer non plus le sergent de ville. Quand on n'en fait pas un instrument de politique; quand on lui retire le casse-tête, dont il fit un fréquent usage sous l'Empire; quand on lui défend de tirer l'épée et de pourchasser les citoyens, comme les sbires de M. de Maupas; quand on lui rappelle qu'il est le gardien du repos public et qu'il doit tout subir, plutôt que de partager la responsabilité du désordre avec les agitateurs; quand on l'institue le cicerone de l'étranger, le confident du Parisien dans l'embarras, le sauveteur des Parisiennes obligées de traverser la chaussée, le protecteur des enfants perdus, et le seul persécuteur des chiens enragés, on lui donne le secret d'une mission amicale, de bon père de famille, de citoyen honnête; et comme il est presque toujours un ancien soldat, recommandé par des états de service irréprochables, il garde dans son nouvel état le point d'honneur qu'il avait dans le premier, et ne viole jamais sa consigne d'humanité.

Tu le vois, mon hôte, tu es bien protégé. Ne crains donc rien, à la condition de te protéger toi-même contre les regards assassins, les sourires filous, les toilettes friponnes, les danses au *poivrier*, et l'amour à l'*américaine*.

Contre le banditisme galant, il n'y a pas de police, ou la police arrive toujours trop tard. Sois le propre sergent de ville de ton cœur, et tu traverseras Paris sans danger sérieux.

XVI

PARIS DÉVOT

La scène se passe dans un hôtel de la rue de l'Université. La haute porte ornée de mascarons est tenue soigneusement fermée. Au-dessus du mur, à droite et à gauche, des arbres qui ont vieilli dans leur maigreur aristocratique branlent la tête sous un souffle léger.

Madame la duchesse Grégorie de la Maupasserie est seule dans son petit salon, qui unit par un art exquis toutes les délicatesses d'un boudoir de bonne compagnie à la tendre gravité d'un oratoire. Les tentures de soie nacarat, à doublures grises, laissent entrer uu jour de chapelle, favorable à la méditation et au visage.

Des tableaux de sainteté, des triptyques sur fond d'or, sont suspendus aux murs. Les chenêts et les pincettes ont des fleurs de lis. Une Madeleine, dont la nudité charmante donne le frisson, égaye de son désespoir tout un panneau un peu sombre, et une tête de vierge extasiée, sans que l'on puisse savoir si l'extase a lieu sur le calvaire ou sur la crèche, se mire dans la glace.

La duchesse est une femme délicate et pâle. Ses cheveux blonds maintiennent un nimbe visible autour de son doux visage. Ses cils distillent la rêverie, et les petits bâillements qui entr'ouvrent par instants sa bouche rattachent fort heureusement son image à ce monde terrestre.

C'est l'heure où elle travaille à l'*OEuvre du tabernacle* et à l'*OEuvre du vestiaire*. Elle achève les ornements d'église brodés par sa femme de chambre, et elle met le dernier point aux layettes qu'elle fait coudre en ville.

Étendue sur une chaise longue, elle attend l'inspiration, ses jolis doigts unis autour d'une aiguille plantée dans son ouvrage, le coude appuyé contre une table, ayant près d'elle un grand panier qui semble ne se vider jamais, tant on y compte toujours le même nombre de brassières, de petits bonnets pour les pauvres.

On frappe discrètement à la porte, et l'on annonce madame de Pinchères, une jolie femme de quarante ans, robuste, rose, qui porte *la foi, l'espérance* et *la charité*, en breloques suspendues à un bracelet. La duchesse se soulève légèrement, laissant glisser jusqu'à terre ses ciseaux d'acier, mal placés sur les genoux.

— C'est vous ! dit-elle. J'avais hâte de vous voir ;
comment cela s'est-il passé à Notre-Dame-des-Victoires ?

MADAME DE PINCHÈRES.

Ah ! mignonne, c'était superbe ! On étouffait ; le
père Alphonse a été adorable, et trois cents personnes
au moins ont été baiser l'orteil de la statue de
saint Pierre.

LA DUCHESSE.

Est-ce vrai qu'il ressemble à Faure ?

MADAME DE PINCHÈRES.

Il est mieux ! il a plus de cheveux. Quant à la voix,
elle entre dans l'âme.

LA DUCHESSE.

Je regrette bien d'avoir été si souffrante.

MADAME DE PINCHÈRES.

Est-ce que cette migraine s'obstine ?

LA DUCHESSE.

Toujours !

MADAME DE PINCHÈRES.

Avez-vous employé mon remède ?

LA DUCHESSE, rougissant.

Certainement ; mais l'eau de Lourdes n'y fait rien.

MADAME DE PINCHÈRES.

Pauvre petite ! vous devriez consulter une som—
nambule.

LA DUCHESSE.

Vous dites donc que le père Alphonse ?...

MADAME DE PINCHÈRES.

Exquis, sublime !

LA DUCHESSE.

Sur quoi a-t-il prêché ?

MADAME DE PINCHÈRES.

Sur l'amour divin.

LA DUCHESSE.

Et qu'a-t-il dit ?

MADAME DE PINCHÈRES.

Il a dépeint les délices de la possession de Dieu.
J'aurais voulu que les matérialistes pussent l'entendre. Où donc la passion humaine trouverait-
elle des accents à la fois plus réalistes et plus déli-
cats ? Je vous assure, chère amie, que quand il se

penchait hors de la chaire, annonçant à nos cœurs les écrasements de la tendresse du divin époux, il était impossible de ne pas se renverser, étourdie, éblouie, fascinée.

LA DUCHESSE, avec un regard languissant.

Vous êtes bien heureuse de l'avoir entendu ; moi, qui depuis trois mois suis tout à fait seule ici, je sens que j'aurais pleuré.

MADAME DE PINCHÈRES.

A propos, et M. le Duc?

LA DUCHESSE.

Il est toujours là-bas ; il a pris, d'ailleurs, un congé pour aller à Frohsdorff ; le comte de Chambord ne peut se passer de lui.

MADAME DE PINCHÈRES.

Et vous?...

****

La porte s'ouvre ; on annonce M. l'abbé Servais.

Il a quarante-cinq ans, mais, par un heureux privilége, ses cheveux sont tout blancs et lui donnent l'air d'un abbé poudré. Ses sourcils sont noirs ; l'œil est vif ; la figure large a une expression de contentement absolu. Il salue, va s'asseoir avec humilité sur une petite chaise basse qui met son menton à la hauteur des genoux de la duchesse ; il place son chapeau sur ses jambes, et relève un peu sa soutane qui bride sur les hanches.

On le met au courant de la conversation. Il a entendu aussi le père Alphonse ; mais il ne paraît pas ravi de son sermon sur l'amour divin. Il semble laisser entendre que l'orateur a oublié beaucoup de choses dans l'énumération des joies promises ; il préfère de beaucoup le sermon prononcé, il y a huit jours, à propos des captifs.

MADAME DE PINCHÈRES, étourdiment.

Quels captifs?

L'ABBÉ SERVAIS, avec un sourire supérieur.

Cela s'entend, madame. Il y a toujours par ce temps d'impiété, des âmes enchaînées dans leur foi, et je n'ai pas à vous apprendre que le Saint-Père...

MADAME DE PINCHÈRES.

Mais puisqu'il est mort?

L'ABBÉ SERVAIS, gravement.

Je parle de Sa Sainteté Léon XIII.

MADAME DE PINCHÈRES.

Comment! lui aussi, va rester enfermé?

L'ABBÉ SERVAIS, d'une voix tremblante et sardonique.

Où voulez-vous qu'il aille? Vous ne prétendez pas, j'espère, qu'il vienne bénir l'Exposition, cette orgie de la matière et de la république! A ce sujet, mesdames, vous savez ce qui a été décidé?

LA DUCHESSE.

Sans doute, monsieur l'abbé; et c'était bien inutile. Qui donc, parmi les gens qui se respectent, songeait à aller visiter cette foire monstrueuse?

MADAME DE PINCHÈRES.

Sans les provinciaux, qu'on fait venir aux frais des communes, il n'y aurait personne!

L'ABBÉ SERVAIS, d'un air fin.

On m'assure qu'on n'y voit que les mêmes personnes.

LA DUCHESSE.

C'est un échec formidable. Le gouvernement ne s'en remettra pas; il sera obligé de faire banqueroute.

MADAME DE PINCHÈRES,

Tant mieux!

L'ABBÉ SERVAIS.

Ces gens-là ne seront pas gênés pour trouver de l'argent, quand ils devraient voter l'impôt sur le revenu, piller les églises !... C'est dommage qu'on ne puisse pas mettre les pieds dans ce Champ-de-Mars, qu'on devrait appeler le champ de Mercure. Il y a une seule belle chose à y admirer : le meuble de Sa Sainteté.

MADAME DE PINCHÈRES.

Mais puisque Pie IX est mort, à qui donc ira ce beau meuble ?

L'ABBÉ SERVAIS.

A Léon XIII !

MADAME DE PINCHÈRES.

On devrait en faire faire un second.

L'ABBÉ SERVAIS.

C'est une idée !

LA DUCHESSE.

Oui ; mais l'argent ?

L'ABBÉ SERVAIS.

Oh ! nous ne sommes pas embarrassés !

MADAME DE PINCHÈRES, en riant.

C'est vous autres, monsieur l'abbé, qui mettez l'impôt sur le revenu.

L'ABBÉ SERVAIS.

Pour vous assurer dans le ciel, mesdames, des rentes perpétuelles.

LA DUCHESSE, languissamment.

Ah ! charmant ! Vous voyez, ma belle, que l'abbé a réponse à tout.

L'ABBÉ SERVAIS.

Je suis chargé, madame la duchesse, de vous rappeler que l'assemblée générale de la *perpétuelle enfance* a lieu dans huit jours.

LA DUCHESSE.

Oh ! je n'ai garde d'y manquer. Ma femme de chambre, car j'étais trop souffrante pour sortir, a dévalisé nos magasins à l'intention de nos chers petits pauvres ; j'espère bien que cette année ils seront plus nombreux que l'année dernière.

L'ABBÉ SERVAIS.

N'en doutez pas. Votre famille s'augmente ; Dieu la bénit.

LA DUCHESSE, joignant les mains.

Que Dieu est bon d'avoir institué la pauvreté ! Sans elle, il n'y aurait pas de charité.

MADAME DE PINCHÈRES, riant.

Il resterait toujours les pauvres d'esprit à aimer.

L'ABBÉ SERVAIS, un peu sévèrement.

Madame la duchesse a raison... C'est précisément ce que me répétait ce matin mademoiselle Élise de Vieux-Bois, en se félicitant de s'être soustraite aux dures lois du mariage, pour se consacrer aux indigents... La sainte demoiselle avait fait un vœu à Notre-Dame-des-Victoires. Elle vient d'apprendre qu'il a été exaucé.

MADAME DE PINCHÈRES.

Quel vœu? Était-ce celui de vieillir vite?

LA DUCHESSE.

Ah ! chère amie, vous êtes en veine de malice ce matin.

MADAME DE PINCHÈRES.

Je me repose de l'amour divin qui m'avait vraiment fatiguée.

L'ABBÉ SERVAIS.

Vous savez que mademoiselle de Vieux-Bois attendait un héritage de son oncle maternel, un gros héritage.

LA DUCHESSE.

Oui; eh bien?

L'ABBÉ SERVAIS.

L'héritage lui est échu.

MADAME DE PINCHÉRES.

Et cela ne lui donne pas envie de se marier ? Elle n'a que cinquante ans.

L'ABBÉ SERVAIS, de plus en plus grave.

Nous devons dire cinquante messes pour le repos de l'oncle...

*_**

La porte s'ouvre : on annonce Monseigneur l'évêque de X... et M. le marquis d'Aubressel ; l'abbé se lève brusquement, avec une nuance de dépit ; la duchesse rougit légèrement ; madame de Pinchères sourit.

Monseigneur est de taille moyenne, replet, propret. Sa figure est douce, agréable à voir. Les yeux ont de l'onction ; la bouche rose et charnue se creuse aisément en petite gouttière, pour laisser couler le miel d'une parole tendre.

Le marquis est grand, maigre ; tout est pointu en lui. Les yeux, le nez, la bouche, les doigts ont de quoi piquer.

L'évêque est un vieil ami de la duchesse. Il a été son directeur, avant l'épiscopat ; il l'a mariée ; il protége le mari, et le fait avancer, au loin. Il ébauche dès le seuil, un petit salut du doigt qui ressemble vaguement à une bénédiction ; il glisse jusqu'à la duchesse qui se lève et veut rester debout, mais qu'il oblige à se rasseoir, en lui disant :

— Je n'ai pas voulu tarder à vous annoncer la bonne nouvelle. J'ai vu le ministre des affaires étrangères. Tout va bien.

Puis le prélat s'assied, contre la chaise longue, pour permettre au marquis de saluer la duchesse, et quand celui-ci se relève, monseigneur dit :

— Excusez-moi de vous avoir amené ce philosophe, ce sceptique. Nous nous étions engagés dans une causerie si intéressante, que, sans y songer, à votre porte, nous sommes montés ensemble.

LE MARQUIS.

Madame la duchesse sait que si je suis un vieux pécheur, chez elle du moins je n'ai jamais commis qu'un péché, celui de l'envie.

LA DUCHESSE, souriant.

Je sais que vous êtes un homme d'esprit, mais un athée.

LE MARQUIS.

Un athée ! Monseigneur, défendez-moi. Je vous ai fait ma profession de foi, et sur le premier article, nous étions d'accord.

L'ÉVÊQUE.

Marquis, vous êtes un traître, vous me compromettez.

LE MARQUIS, jetant un regard sur l'abbé Servais.

Oh ! ce n'est pas moi qui irai le dire à Rome.

L'ABBÉ SERVAIS.

Monsieur le marquis est un gallican ?

LE MARQUIS.

Peut-être bien ; en toute chose je m'applique à être Français. J'habite de ce côté des Alpes. *J'y suis, j'y reste.*

(Rire général).

L'ABBÉ SERVAIS.

Mais le chef de la chrétienté est au delà ?

LE MARQUIS.

Il devrait être au-dessus.

L'ABBÉ SERVAIS.

Voilà presque une parole de ce grand apostat marié, M. Hyacinthe Loyson.

LE MARQUIS.

S'il ne s'était pas marié, son apostasie vous embarrasserait encore plus; et pourtant c'est là une excuse !...

L'ÉVÊQUE, d'un ton indulgent.

Marquis, marquis, vous allez un peu loin.

LE MARQUIS.

Oh ! je dis cela, sans connaître madame Loyson, je vous le jure.

L'ÉVÊQUE, en riant.

Vieux Parisien !

LE MARQUIS.

Oui, je m'en flatte, je suis Parisien d'âme, de tempérament, de foi. Voilà pourquoi j'approuve la dévotion des Parisiennes, qui ne fait tort ni à l'élégance, ni à la mode, ni à Dieu, ni au diable. Paris est la ville de la libre pensée et de la libre croyance. Les églises sont aussi remplies que les théâtres. Il est vrai qu'on y entend souvent la même musique et les mêmes chanteurs. Seulement, la dévotion de Paris est gaie, et la ville rieuse ne pardonne pas à ceux qui veulent la rendre triste. Paris aime les anges qui sont blancs, non les hommes qui sont noirs. S'il paraît impie, c'est quand on veut lui faire peur et honte de ce qui l'émeut et de ce qui l'amuse. A Paris, on a trop le culte des tombeaux, pour n'être pas croyant. Voilà mon sentiment; je suis sûr que c'est aussi celui de ces dames qui s'appliquent à rendre la dévotion aimable et la charité engageante.

MADAME DE PINCHÈRES, avec un rire modeste.

Oh! je ne suis pas une grande dévote.

LE MARQUIS, galamment.

C'est dommage.

(La duchesse rougit encore mais sourit faiblement.)

L'ABBÉ SERVAIS.

Voilà un éloge de la dévotion parisienne qui fait le procès en règle du clergé.

L'ÉVÊQUE.

Il n'y a pas de procès qu'on ne puisse arranger et concilier. Au fond, ce que tend à prouver M. le marquis, c'est que le prêtre doit bénir plus souvent que menacer. Voudriez-vous, lorsque mes pénitentes m'arrivent, emmitoufflées de soie et de velours, que je leur reprochasse de s'être faites un peu trop belles pour plaire à Dieu? Non; mais plus elles sont belles et bien mises, plus je leur parle de ceux et de celles qui n'ont pas d'habits. Elles m'écoutent mieux et me comprennent mieux.

LE MARQUIS.

Bravo, monseigneur! c'est absolument comme pour la république. Plus on la décrasse, plus on la fait aimer.

L'ABBÉ SERVAIS, *avec un rire pincé.*

Ah ! si M. le marquis est républicain !

LE MARQUIS.

Je suis de mon temps, autant que je peux. Le meilleur gouvernement pour le peuple, comme pour les âmes, c'est le plus spirituel ; or, on n'a pas d'esprit contre l'esprit.

L'ABBÉ SERVAIS.

Je ne comprends pas.

L'ÉVÊQUE.

M. le marquis est mystique à sa manière ; seulement, je ne veux pas qu'il me croie trop de son avis...

LE MARQUIS

Oh ! voilà bien la diplomatie ecclésiastique ! Faire un pas et reculer de deux !

L'ÉVÊQUE.

Je ne recule pas ; mais quand je veux la dévotion, comme M. le marquis paraît vouloir la république, c'est-à-dire *aimable*, je ne veux pas que le plus beau feu se dépense en amabilité. Je pardonne un peu de coquetterie. Je n'en veux pas trop. Les dévotes qui ne viennent qu'à la messe d'*une* heure pour montrer mieux leurs toilettes; qui organisent des loteries somptueuses, qui se dépensent en billets, en prospectus, en concerts, n'ayant pas le temps de penser à ceux qu'elles veulent secourir, ces fanatiques de Jeanne d'Arc, qui de son temps auraient pris Agnès Sorel comme dame patronnesse de leurs petites fêtes, me paraissent dépasser la mesure et ne doivent pas faire dédaigner les chrétiennes simples, pratiques, qui font le bien sans mirlitons, et la charité sans cotillons.

LE MARQUIS, vivement.

Ajoutez bien vite, Monseigneur, pour rassurer la conscience de ces dames, que vous leur permettez d'aller admirer les diamants de la couronne à l'Exposition.

L'ÉVÊQUE.

Le génie de l'homme est l'œuvre de Dieu. Les expositions de l'industrie sont aussi des reposoirs.

L'ABBÉ SERVAIS, avec un respect exagéré.

Monseigneur est plus éloquent que le père Alphonse; cependant, je me permettrai humblement de lui faire remarquer que l'esprit du mal profite de ces concessions faites au progrès, et que le Syllabus...

L'ÉVÊQUE, froidement.

Je ne juge point ce que je n'ai pas le droit de juger; mais j'essaye de me souvenir qu'en devenant prêtre, je n'ai point cessé d'être homme, et qu'en avançant dans la hiérarchie, je dois avancer en indulgence et en justice. Avant de lancer le feu sur les cités condamnées, Dieu y envoya deux anges qui tentèrent une suprême épreuve. Imitons ces divins messagers. Si l'on nous chasse, nous secouerons la poussière de nos pieds et nous partirons, non sans regarder en arrière et sans prier encore. Mais jusqu'ici, n'est-ce pas ? on ne songe point à nous chasser.

L'ABBÉ SERVAIS

Non, mais si nous demeurons, c'est au prix de tant d'humiliations!

L'ÉVÊQUE se levant.

Celui-là seul est humilié qui ne sent point son cœur fort et sa conscience robuste. (se tournant vers la duchesse:) Ma fille, continuez à être charitable et aimante; mes enfants, je vous bénis!

LE MARQUIS.

Même moi?

L'ÉVÊQUE.

Vous surtout!

XVII

PARIS FUNÈBRE

Ne te trouble pas, mon hôte ! Tu visiteras le Père-Lachaise avec beaucoup plus d'empressement et de plaisir que les Buttes-Chaumont. Laisse-moi, en attendant le petit air de flûte que ton âme se jouera à elle-même dans ce grand jardin, te préparer à cette promenade sentimentale, mais non lugubre, et te raconter comment les Parisiens la font tous les jours, en héros du cortège ou en invités.

La mort, à Paris, a sa décence, sa tenue, sa coquetterie, j'oserais presque dire sa mode, comme la misère et le crime. On la cache, on l'habille, parfois on la maquille. C'est une représentation du jour, et, parmi les soupirs que l'on pousse à un beau convoi, combien ne s'en exhale-t-il pas pour plaindre le défunt, privé de la vue d'une si belle cérémonie?

Voir passer son convoi, est, en effet, un de ces rêves que le Parisien fait souvent.

Le jour du triomphe funéraire de M. Thiers, un homme du 16 mai pleurait en se mordant les ongles.

— Vous le regrettez? lui demanda un de ses amis.

— Non, je l'envie!

Dans sa rage jalouse, le malheureux homme d'État était presque tenté de dire : — Il est bien heureux !

Paris, où l'esprit rayonne jusque dans les heures sombres, a un ferment d'immortalité qui l'empêche d'accepter la mort, autrement que comme une concession temporaire aux préjugés, à la routine ; il semble à Paris, quand on est mort, que ce ne soit pas pour longtemps. Quelque chose de vague, d'incertain, mais de lumineux, flotte au-dessus des cortéges et met une faible coloration d'aurore dans la nuit du deuil ; aussi le deuil parisien devrait-il être violet et non tout à fait noir.

J'ai dit que la mode s'en mêlait.

Depuis quelques années, les fleurs remplacent les galons. On prend moins de panaches au magasin des pompes funèbres, et plus de bouquets aux marchands.

Tu sais aussi qu'il est de tradition qu'un directeur d'enterrement public, qu'un conservateur ou un inspecteur de cimetière soit toujours un vaudevilliste.

On n'en a pas encore vu un seul qui ait poussé l'amour de la muse jusqu'à prétendre à l'Académie française ; mais c'est peut-être parce que l'Académie est trop lugubre et que les immortels sont moins gais et moins vivants que les morts.

***

Quand tu rencontres sur les boulevards un corbillard se dirigeant vers les hauteurs de Montmartre, ou celles du Père-Lachaise, regarde et admire la douceur, la convenance, l'aspect aimable de ce convoi, quel qu'il soit.

Le char avec quelques petites plumes balancées au vent, ou des couronnes fraîches, s'avance comme un fiacre *à l'heure*, et n'a pas l'air d'une voiture à *l'éternité*. Le tarif n'y est pas visible, le numéro est dissimulé ; les chevaux, maintenus noirs, donnent un bel exemple de teinture à certains cheveux ; ils sont gras et placides. Le cocher, au visage fleuri débordant comme une enseigne de bon vin sous son chapeau mis en bataille, laisse tomber des regards paternels devant lui et autour de lui.

On dirait qu'il reluque des clients, et quand il est chargé, il en avertit les passants par un doux sourire, sans impertinence.

Le mort paisiblement balancé monte au sommeil, dans un bercement sans secousses.

Au-devant du char, un personnage qu'on appelle le *commissaire* des morts, que l'on choisit pour sa belle tournure, en frac de bal, souvent en culotte courte, avec un petit manteau de notaire aux épaules, et une épée au côté, tenant une canne d'ébène à pomme d'ivoire ou bien un petit bâton de prestidigitateur, marche dignement, sans être beaucoup plus sérieux qu'un meneur de cotillon. C'est lui qui a invité la famille à se mettre en route avec ce sourire si souvent commenté ; c'est lui qui, la cérémonie finie, vient demander aux héritiers s'ils ont été *satisfaits ?*

Lui aussi, ce fonctionnaire aimable, a droit au pourboire, et il ne craint pas de le réclamer. Faut-il avouer que souvent l'indifférence des héritiers qui n'ont pas encore entendu lire le testament le lui refuse ?

Ne redoute pas les scènes dramatiques, dans ce défilé d'un dénoûment qui, pour quelques-uns, n'est que le prologue d'un drame inconnu. Le bon goût défend les larmes, et la décence a établi en règle absolue que les trop proches parents peuvent, sans blesser aucune convenance, se dispenser de venir. Ils gâteraient la cérémonie par leur douleur.

Quant aux amis, ils vont par groupes, s'entretenant, pendant cinq minutes, des vertus du défunt, ce qui est une moyenne raisonnable, pendant dix minutes de sa maladie, et pendant deux heures de leurs propres affaires.

Aux amis, il faut joindre les indifférents, les relations du monde, ceux qui ne suivent un convoi que par genre, par distraction, pour être cités dans les journaux, pour avoir un congé de leur administration ou de leur ménage.

Tout ce monde-là passe décemment, paisiblement, d'un air de promeneurs.

Les gens qui regardent, saluent peut-être un coquin qu'ils n'ont jamais salué de leur vivant ; les femmes ébauchent un petit signe de croix ; puis le remous parisien efface ce sillage, et la vie arrêtée à chaque rue, sous le symbole des voitures qui n'ont pas le droit de couper un convoi, recommence et continue.

Le Parisien est un peu comme le prince de Kaunitz qui avait défendu qu'on parlât devant lui de la mort, et à qui l'on n'annonçait jamais un décès qu'avec cette formule aimable :

— C'est singulier, on ne voit plus le comte ou le baron de X. !...

Ce n'est pas que le Parisien ait peur de mourir.

Non, je le répète, la mort est pour lui une vieillerie, une sorte de *truc* solennel dans lequel il tombera quelque jour, mais qu'il accepte comme une échéance lointaine, sans y songer.

Montaigne disait : « Tous nos jours vont à la mort, le dernier seul y arrive. » Le Parisien ne s'en dit pas tant ; mais il laisse aller ses jours, et quand on lui apprend qu'un de ses camarades s'est arrêté en chemin, il dit :

— Tiens ! le pauvre garçon !

Comme si celui qui part devait regretter ce qu'il laisse.

Les moins braves sont ceux qui plaisantent à tout propos, qui font des mots et qui ont enrichi l'argot de Paris de toutes sortes d'expressions empruntées à l'estaminet, comme celles de « *casser sa pipe* », de « *dévisser son billard* ». Le Parisien stoïque ne blague que le croque-mort.

Celui-là, il faut bien l'avouer, a le privilége, le monopole des rôles comiques. C'était déjà ainsi du temps d'Hamlet. On ne tarit pas sur le compte du croque-mort ; on lui attribue tous les mots bouffons.

Je me souviens d'un drame, dont je voudrais pouvoir te nommer l'auteur et qui portait ce titre net :

Histoire d'une rose et d'un croque-mort.

Un acte entier se passait dans le cabaret où ces enfouisseurs buvaient et s'amusaient. L'excellent Boutin, croque-mort facétieux, racontait qu'un jour, appelé dans une maison pour y exercer son office, et s'étant trompé d'étage, il était tombé en face d'un malade qui avait jeté les hauts cris :

— Pas la peine de faire tant de bruit ! avait-il répondu ; on repassera.

Sais-tu pourquoi la pièce ne réussit pas ?

Parce que les auteurs, timides dans leur étude, avaient supposé qu'un jeune homme de bonne famille était réduit par la misère à se faire croque-mort, et que sa fiancée, l'ayant rencontré un jour, en uniforme, refusait de l'épouser.

Ce refus parut invraisemblable au libéralisme parisien.

Souviens-toi des dessins de Gavarni, sur les croque-morts. Ils expriment la philosophie transcendante de ce grand *moqueur* et de ce grand Parisien.

Écoute plutôt ! Un croque-mort trinque avec un cocher de voiture de deuil ; celui-ci raconte ce qu'il a entendu.

— Y avait deux paroissiens de la queue qui se disaient tout bas que la défunte était une femme légère...

— Merci, j'aurais voulu les y voir, eux, à la descendre, la sylphide, d'un troisième au-dessus de l'entresol !

C'est aussi le croque-mort qui, tancé vertement pour être arrivé en retard, répond :

— Eh bien, quoi ! est-ce qu'il s'est sauvé ?

Trouve-moi une philosophie plus radicale et plus narquoise !

****

A Paris on a plus de répugnance pour l'hôpital que pour le cimetière ; on plaint les malades et les souffrants, beaucoup plus que les morts. N'est-ce pas du bon sens ? n'est-ce pas le secret de la vraie sensibilité ?

Dès qu'une catastrophe éclate, le premier cri est pour la femme et les enfants.

Il faut voir alors comme Paris souscrit, organise des fêtes, se multiplie ! L'isolement de ceux qui restent préoccupe plus que l'isolement sombre et obscur de celui qui s'en va.

****

On m'a raconté qu'en Amérique, à New-York notamment, les cimetières sont des lieux de promenade très-fréquentés, et qu'entre les tombes ombragées la *flirtation* gazouille à plaisir.

Les amoureux à Paris ont tant d'autres endroits plus commodes à leur disposition que le Père-Lachaise

n'est pas précisément un lieu de rendez-vous galants;
c'est tout au plus si les cœurs sensibles, d'un degré
supérieur, vont de temps en temps rendre un hommage religieux à la pseudo-tombe d'Héloïse et
d'Abélard; mais ces pèlerinages, devenus de plus en
plus rares, sont platoniques par essence, et les amours
les suivent en rechignant.

C'est le 1ᵉʳ et le 2 novembre que tout Paris va
visiter ses morts. C'est vraiment une fête parisienne.
Nul ne s'y soustrait; et les étrangers acclimatés à
Paris ont toujours la tombe d'un héros de leur pays
à saluer et à couvrir d'une couronne ou d'un bouquet
d'immortelles.

Qui n'a pas vu la fête des morts à Paris, ne peut
comprendre la fidélité des Parisiens à leurs souvenirs.
Cette population légère a deux jours de recueillement
sincère, de prodigalité sentimentale. Les tombes
disparaissent sous les fleurs, et pas un des tombeaux
qui rappellent la gloire, la poésie, l'éloquence, la
lutte pour la liberté, ne reste nu ce jour-là. Il faut
au cimetière Montmartre des agents de police, pour
contenir la foule qui dépose des offrandes sur la
tombe de Cavaignac, sur celle de Baudin. Au cimetière Montparnasse, les colonnes tronquées qui
marquent l'emplacement des quatre sergents de la

Rochelle sont toujours le but d'un pèlerinage qui n'est pas près de finir.

Et ce n'est pas seulement la politique militante ; c'est l'art dans toutes ses manifestations, c'est la bonté, c'est la grâce, qui gardent, après les émotions de famille renouvelées annuellement, l'immortel privilége de faire honorer les morts.

Si le Parisien traite avec respect ceux qui ne sont plus, il est passionnément ingrat envers ceux qui aident les vivants à entrer dans le sanctuaire où la vénération les attend.

Molière, ce Parisien sublime, était l'expression parfaite du génie de sa race, quand il se moquait des médecins. Peut-être les eût-il épargnés, s'il ne fût pas resté, à travers toutes ses qualités universelles, l'enfant du Pilier des halles.

La malignité moderne a ajouté la garde-malade à la série des personnages grotesques. Quant à l'apothicaire, il s'est un peu dégagé de la mascarade ; ses emblèmes ont changé ; ses fonctions sont devenues plus scientifiques.

Mais le médecin, que l'on appelle au moindre bobo, que l'on torture d'exigences, que l'on voudrait attacher en permanence à la loge du concierge ; pour lequel on réclame incessamment des postes de jour et de nuit ; le médecin est, à Paris, l'être le plus demandé, le plus choyé, le plus aimé pendant la maladie, le plus oublié, et le moins payé, après la guérison ou la mort.

On a quelquefois reproché aux praticiens illustres d'être âpres au gain; c'est qu'ils savent qu'ils ont à lutter contre une population âpre à l'ingratitude. En dehors des princes de la science que l'on paie à chaque consultation, et auxquels on n'oserait pas jouer certains mauvais tours, les médecins ordinaires ne touchent guère que la dixième partie des honoraires qui leur sont dus.

Il y a dans les rapports du client et du médecin quatre phases bien distinctes.

PREMIÈRE PHASE. — On se pend à sa sonnette, on le pourchasse la nuit jusque dans son lit : — Docteur ! docteur ! arrivez vite; sauvez-nous ! sauvez-moi ! ma fortune est à vous !

DEUXIÈME PHASE. — Cela va mieux, docteur, vous avez été bien habile ! Vous êtes notre ami désormais; nous ne vous oublierons pas !

TROISIÈME PHASE. — Ah ! cela va tout à fait bien, il faudra que j'aille remercier le docteur.

QUATRIÈME PHASE. — Il m'a envoyé sa note ! Quel voleur ! si jamais je le reprends !

Non-seulement on ne le reprend pas, mais on ne le paie pas... ou on le paie mal, et à la longue.

***

Je n'explique pas cette bizarrerie du Parisien; je la constate. Trois industriels, dont il est très-fier, lui paraissent toujours au-dessus ou au-dessous de son salaire.

L'avocat, le tailleur, le médecin sont les trois sauveurs qui gênent le plus l'indépendance du cœur.

Encore admet-on que l'avocat a pu sauver la fortune ou l'honneur; encore peut-on supposer que le tailleur a ajouté aux avantages personnels du client; mais le médecin! pour quelques visites, pour deux lignes griffonnées, lui donner de l'argent! Allons donc! l'amitié suffit, et s'il ne veut pas de l'amitié, l'oubli, la haine.

***

Les médecins sont vengés par la garde-malade. Lis les admirables scènes d'Henry Monnier, et tu sauras jusqu'où cette créature sans sexe, sans entrailles, sans famille, peut pousser l'impitoyable vigilance de ses intérêts.

On a substitué des religieuses aux monstres soi-disant féminins qui arrangeaient le dernier oreiller du mourant, et qui souvent le lui mettaient, comme Othello veillant Desdémone, sur la bouche, au lieu de le lui mettre sous la tête.

Je ne médirai pas du dévouement des *bonnes sœurs*. Je ne veux constater que leurs distractions assez fréquentes, l'obligation pour elles de s'isoler, à certaines heures, dans la méditation et dans le chapelet, les conditions de leur concours, plus accessible aux gens aisés qu'aux pauvres.

*
* *

Je ne te parlerai pas de l'hôpital, ni de la Morgue, ce sont les sous-sols du drame parisien, et cette fois, malgré ma bonne volonté, malgré Paris et sa gaieté, je serais forcément lugubre.

Or, nous avons conclu un pacte, n'est-ce pas, mon hôte? c'est de garder, toi et moi, notre belle humeur. Aussi, quand nous faisons une libation à la mort, laissons autour de la coupe les fleurs dont Paris l'entoure. Buvons la rose avec le vin funéraire et gardons nos larmes! C'est la liqueur précieuse dont on ne s'enivre qu'en famille, ou tout seul.

XVIII

PARIS-BUDGET

Nous avons, mon hôte, parcouru à peu près tous les cercles de ce délicieux enfer parisien qui donne le nom de Paradis aux plus mauvaises places de ses plus mauvais théâtres.

Je n'ai pas été un guide de la force de Virgile; tu n'es pas, Dieu merci, un promeneur atrabilaire comme Dante, et les Béatrice que nous avons entrevues t'ont laissé leur adresse. Nous nous quitterons donc sans amertume et sans lyrisme.

Il me reste à te renseigner sur deux choses, sur le budget d'un Parisien et sur l'argot de Paris. Nous résumerons ensuite nos impressions et nous nous séparerons sans que tu t'écries comme le vieil Alighieri à la fin de l'Enfer : « En sortant nous revîmes les étoiles ! »

C'est en sortant de Paris, au contraire, que tu cesseras de voir les étoiles en plein midi.

Quelle clef d'or ou d'argent faut-il pour entrer à toute heure dans ce monde enchanté ? pour y vivre et pour y demeurer ?

Je t'ai montré Paris-Misère ; tu sais donc que la pauvreté ici comme ailleurs exerce ses droits.

Et pourtant, deux millions d'êtres, dont la vingtième partie tout au plus possède un revenu qui les mette à l'abri de toute inquiétude, vivent gais, contents, actifs, travaillant à leur joie passagère et à la joie immortelle du monde.

Comment cela est-il possible ?

C'est qu'à Paris on vit à tout prix, et, sans faire de paradoxes, je puis assurer qu'il est souvent plus facile d'y vivre avec rien qu'avec six mille livres de rente.

Paris est la seule ville où l'esprit soit un capital productif.

La fierté, le respect de soi-même empêchent souvent ce capital de nourrir son possesseur ; mais crois bien que c'est la faute de sa conscience, et non celle de la pauvreté.

La vie de bohème n'a point disparu avec Mürger, et la race des gens capables de se faire servir des truffes sur le radeau de *la Méduse* n'est pas morte.

A tous les degrés de l'échelle sociale, on trouve des gens, gantés ou non gantés, cravatés ou débraillés, qui, sans commettre d'action trop vile, se nourrissent, se logent et vivent aux dépens de ceux qui les écoutent.

***

Non-seulement ce phénomène ne choque personne, mais il semble, pour celui qui en donne l'exemple, constituer un droit.

On raconte l'indignation d'un monsieur, qui apprenant, à la mort de mademoiselle Mars, que celle-ci ne lui avait fait aucun legs, s'écria :

— Moi qui depuis quinze ans n'ai pas manqué de dîner chez elle deux fois par semaine !

Dans un certain demi-monde artistique, littéraire, politique, cette vie des émigrés obtenant un couvert par l'art de faire la salade est très-fréquente. Elle s'est incarnée, à une certaine époque, dans le type amusant de Privat Danglemont.

Il passa sa vie à ne pas gagner un sou, et il avait toujours au moins un sou dans sa poche.

C'est lui qui, rencontrant un soir, sous un guichet du Louvre, G. N... qui s'en allait en fumant, l'aborda avec politesse, et lui dit :

— Voulez-vous me donner du feu? s'il vous plaît.

G. N... secouant son cigare, en présenta la braise à Privat Danglemont.

— C'est fort bien! répondit celui-ci, mais c'est que je n'ai pas de cigare!

Il fallut que le prêteur de feu devînt aussi le donateur du cigare.

Très-connu dans le quartier des étudiants, et très-aimé, Privat Danglemont qui, sous une apparence un peu folle, cachait un esprit méthodique, exact, financier, avait mis la génération des écoles en coupes réglées.

Sur un carnet qu'il s'était procuré à cet effet, il inscrivait le nom de tous ceux chez lesquels il projetait d'aller déjeuner ou dîner, à jour fixe et à tour de rôle.

Les étudiants se trouvant au nombre de six mille environ, Privat n'avait pas besoin de renouveler sa visite, qui restait comme un hasard, comme une bonne fortune, pour celui dont il avait été l'hôte.

Une liste de six mille bienfaiteurs! C'était, à deux repas par jour, un capital à dépenser en dix ans. Mais le personnel se renouvelait, et puis, il arrivait parfois des invitations, en dehors du quartier Latin.

Ce parasitisme léger ne blessait personne, mais Privat avait des principes, et quand un étudiant lui offrait l'hospitalité pour une seconde fois, il répondait inflexiblement, avec dignité:

— C'est impossible ; je suis invité pour vingt-trois mois.

*_**

Il faut convenir que ce moyen n'est pas absolument à la portée de tout le monde, et je le crois fort usé; mais je cite cette histoire, presque légendaire, pour te montrer qu'à Paris, si l'esprit ne mène pas toujours à la fortune, il peut aider merveilleusement à s'en passer.

Ce qui est inusable dans le caractère parisien, c'est sa philosophie. Ponsard, qui n'a pas considérablement enrichi l'anthologie française, a laissé un vers typique. Un de ses héros, dans un moment de déconvenue, au beau milieu d'un salon, s'écrie tout à coup:

Moi qui n'ai pas dîné pour acheter des gants!

Tout le Parisien est là. Quand il lui faut des gants il en trouve et se passe de manger.

Mais, à côté de cet héroïsme de la faim, il y a celui qui consiste à entrer hardiment chez un boulanger, quand il le faut, et à acheter un morceau de pain, au risque d'être aperçu du dehors par le millionnaire chez lequel on a distribué gratis pour mille francs d'esprit la veille.

*_**

On m'a montré un jeune homme qui, pendant trois mois, s'est trouvé réduit à la plus épouvantable détresse, sans que rien, sinon une pâleur aristocratique, trahit son effort quotidien.

Il avait mené la vie à outrance, et il ne lui était resté de son opulence passée qu'une garde-robe qui lui permettait de se présenter encore dans le monde, où il n'allait jamais, par point d'honneur, qu'après avoir diné.

Or, voici comment il dinait :

Il se promenait indolemment sur les boulevards, à l'heure où chacun s'attable, il allait, une main dans sa poche, cassant très-adroitement le pain qu'il y cachait, et portant, avec un geste élégant et habile, le morceau à ses lèvres, sans que jamais personne se doutât de sa détresse.

Son repas fini, sa poche vidée, il tirait du gousset de son gilet un cure-dent qu'il arborait pendant une heure et qu'il mâchonnait avec un reste de volupté, scandaleux pour les passants.

Cette comédie cessa par l'impromptu d'un héritage, sans qu'on l'eût soupçonnée. Seulement notre épicurien était dégoûté du cure-dent.

*
* *

Parmi les énigmes de Paris, la vie des petites ouvrières est la plus piquante, la plus touchante.

Comme on leur reproche leur gourmandise, à ces fourmis, quand elles se font cigales ! Comme on s'émerveille et comme on se scandalise de l'appétit

15.

avec lequel elles engloutissent dans des estomacs microscopiques les langoustes et les poulardes!

Mais sait-on pendant combien de mois ou d'années elle ont vécu de café au lait? Pour deux sous de café, pour deux sous de lait, pour deux sous de pain, elles se mettaient en gaieté!

Un jour, on leur a dit sans doute que le café était mêlé de chicorée; que le lait était trop falsifié; elles ont perdu la foi et l'espérance, et ont déserté, pour n'y plus revenir, le plat féminin national.

Vivre avec un franc par jour, cela se peut, même à Paris. Il est vrai qu'il faut chercher dans les quartiers excentriques ces cabinets horribles, sous les combles, que l'on ne peut payer que sept à huit francs par mois, c'est-à-dire cinq sous par jour. Ce qui reste pour l'habillement fait frémir.

***

En somme, c'est avec l'estomac que le Parisien et la Parisienne luttent avec le plus d'âpreté. Il semble que ce soit l'ennemi. On le réduit, on l'apprivoise, on le déprave, par toutes sortes de tours de force. L'année dernière, une petite Parisienne, qui voyait travailler un avaleur de sabres, s'écriait en soupirant:

— Le gourmand!

L'ouvrière a la passion des crudités, des salades,

des fruits verts. Le vinaigre aiguise le fausset de sa voix et de son esprit.

L'ouvrier est obligé à plus d'égoïsme; il lui faut de la force, et son ordinaire sera toujours le bouillon et le bœuf. Pour trente ou trente-cinq centimes, et pour dix centimes de pain, il se procure ce régal. Quand il gagne cinquante francs par mois, il en dépense trente-cinq pour vivre; il lui reste quinze francs pour le logement, la fantaisie et le costume.

Est-ce la misère? C'est sa voisine, vaillante, libre, indépendante.

Il est vrai que ce problème, déjà difficile pour un, se complique presque toujours, et que les pauvres enfreignent bien souvent la défense qui leur est faite d'aimer. Par quels prodiges vivent ces ménages qui ont pour budget quotidien trois francs cinquante ou quatre francs?

Je ne pourrais le dire, si Paris n'avait des trésors ignorés dans la basse viande, dans les légumes secs.

C'est là, mon hôte, le fond de la cuve parisienne, l'airain. Ce n'est pourtant pas la gêne la plus poignante.

***

Ce qui est merveilleux, ce qui ne lassera jamais l'admiration, c'est l'existence du petit employé qui gagne 125 ou 150 francs par mois.

Celui-là n'a pas le droit de se vêtir de toile, ou d'être à demi vêtu. Il lui faut, dès le matin, la redingote noire, le linge irréprochable. Il doit passer sous les yeux investigateurs du chef, sous les regards ironiques des garçons de bureau, vêtus aux frais de l'administration. Malheur à lui, s'il laisse soupçonner la moindre éraillure dans son costume !

Remarque qu'il achète un journal en allant à son bureau. Il déjeune sur le coin de son pupitre d'un morceau de charcuterie ; mais le soir, il est parfois obligé à une visite chez un supérieur ; il a de plus le goût de la littérature, du théâtre, de la politique, sans compter l'amour du café et les autres amours !

Non-seulement une multitude de petits employés supportent sans faiblir ce fardeau terrible ; mais il en est de formidablement ingénieux qui trouvent encore le moyen de faire des économies.

*
* *

Sais-tu quel est le représentant à Paris de la Providence pour les volontés patientes, honnêtes, ou les médiocrités ambitieuses ? C'est le tailleur.

Sans le tailleur, échoueront toutes les combinaisons du pauvre qui veut cacher sa misère, du petit employé qui veut se faire honneur de sa décence, du solliciteur qui veut flatter la protection dont il a besoin.

C'est le tailleur qui dans une civilisation défiante, égoïste, consent plus facilement que personne au crédit, et collabore souvent avec une secrète pensée d'artiste à l'entreprise d'une ambition qui débute.

Si l'habit ne fait pas le moine, il sert à le déguiser, et les moines, souvent, n'en demandent pas davantage.

La prépondérance du tailleur s'est affirmée avec éclat dans les premiers jours de la Restauration. Il fallait aux émigrés arriérés et ruinés, aux enfants de la bourgeoisie qui ne voulaient pas quitter terrain concédé par la Révolution, un prestige élégant qui mit la lutte sur les hauteurs. Ce sont les grands tailleurs de l'époque qui servirent et égalisèrent les diplomaties des classes rivales.

Depuis lors, les créations des docks d'habillements à bon marché et l'inusable complaisance des tailleurs ont continué et augmenté l'action de ce grand appariteur social.

Combien de gens qui n'auraient jamais obtenu d'avancement, qui ne seraient jamais parvenus à la place sollicitée ou au mariage convoité, s'ils n'avaient pas eu, avant la protection d'un ministre ou d'un père de famille, celle de leur tailleur !

*
* *

Il y a, dans les administrations du gouvernement surtout, toute une catégorie de personnages bien mis, austères d'aspect, mariés, pères de famille, dont le budget ne dépasse jamais trois ou quatre mille francs par an. Ils ont l'obligation, non-seulement d'assister à toutes les représentations du pouvoir, mais de représenter eux-mêmes pour leur compte.

L'épouse, la mère, doit être convenablement mise. S'il cache sa famille, ce petit personnage se compromet et passe pour un avare ou pour un débauché. Les enfants doivent être élevés aux meilleures écoles, si les parents ne veulent pas être accusés de manquer à leurs devoirs essentiels.

Eh bien, si tu pouvais, mon hôte, faire l'énumération de tous ces galériens de l'ordre, de la régularité, de la rectitude, tu verrais combien il en est peu qui manquent à cette loi inflexible. Ils marchent entre deux abîmes: la dette ou le vol; et deux ou trois exceptions révélées par les tribunaux confirment l'honneur revendiqué par la masse.

*
* *

Combien faut-il gravir encore d'échelons pour atteindre à la vie normale, aisée de Paris?

Je t'ai dit comment on peut vivre libre, dans le *carcere duro* d'un budget médiocre. A six mille francs de rente, la gêne ne cesse pas et elle se complique des tentations.

Cinq cents francs par mois, c'était une fortune, il y a cinquante ans. Les héros les plus élégants de Paul de Kock se satisfaisaient de cette misère, et je crois qu'ils trouvaient encore le moyen d'avoir un groom et un cabriolet.

Ces cinq cents francs, aujourd'hui paient le loyer, la nourriture, mais affament de désirs le malheureux qui touche la limite, la frontière reculée, de la médiocrité ruolzée.

*
* *

Il faut dix mille francs pour le premier équilibre normal, et pour commencer à se permettre, non des fantaisies luxueuses, mais des petites manies, des habitudes de collectionneur, innocentes et modestes.

Au delà de dix mille francs, la vie s'accélère ; par malheur, elle se complique.

Un des priviléges de Paris, paternel aux petits, c'est que, quand on y est riche, on le devient centuplement, non que la spéculation augmente les ressources ; mais parce que les joies, ne pouvant se centupler, offrent la même coupe aux possesseurs de trois millions de revenus et à ceux de cent mille livres de rente.

Dès que l'on n'est plus retenu par le plomb de l'économie méticuleuse, toutes les ailes se valent dans l'azur du ciel parisien.

Voilà, mon hôte, autant que j'ai pu le composer, sans t'ennuyer de chiffres et de statistique, un aperçu rapide des conditions métalliques nécessaires pour vivre ou pour ne pas vivre à Paris.

XIX

PARIS QUI PARLE

Paris a sa langue spéciale, qui n'est point de l'argot, qui ne tient pas à des traditions locales, mais qui n'est qu'une perpétuelle improvisation de son esprit malicieux, pour peindre mieux, ou pour mieux travestir les idées, les découvertes, les aventures qui le surprennent.

Dumarsais, au xviiie siècle, déclarait déjà qu'il se faisait plus de tropes à la halle, un jour de marché, que dans vingt séances de l'Académie française.

C'est qu'en effet, le peuple parisien est toujours subitement frappé par le côté pittoresque des choses, et comme il a la parole rapide, comme il aime la phrase courte, il crée un mot en relief qui résume, qui symbolise son étonnement, son enthousiasme ou son dédain.

Cette langue, née dans un éclair, ne s'immobilise jamais.

Un provincial qui donnerait le nom de *dandy* à un élégant parisien, qui parlerait de la *grisette* du quartier Latin, ou de la *lorette* du quartier de la nouvelle Athènes, aurait droit à une entrée perpétuelle au musée des antiques.

Les mots nouveaux à Paris ont une saison, quelquefois une journée; parfois cependant leur à-propos répond à un besoin permanent, et les dictionnaires se résignent à les accepter. C'est ainsi que l'Académie française, à l'heure où j'écris, préparant un *vocabulaire de l'usage*, se demande si, pour définir certaine misère, elle ne devra pas admettre ce terme énergique, passé dans les mœurs : *faire le trottoir*.

Il y a gros à parier que la locution sera consacrée par l'aréopage.

***

Une histoire, une généalogie du langage parisien est impossible. C'est l'esprit inconnu, universel, qui souffle un jour sur un mot, l'anime, l'éclaire, le soulève, le fait tourbillonner, jusqu'à ce qu'il aille s'abattre sur d'autres mots vieillis, comme sur un tas de feuilles mortes,

Il arrive cependant qu'un homme de génie se mêle au génie de tout le monde et mette aussi en circulation un terme que chacun s'approprie et qui devient une monnaie courante.

Sait-on, par exemple, que Victor Hugo a inventé le mot *fulgurant*, qui dit bien ce que nul mot n'exprimait?

Se rappelle-t-on que, dans le tableau de *Paris à vol d'oiseau*, l'auteur de *Notre-Dame de Paris* a appliqué pour la première fois le mot *artère* à la description des rues? Depuis, non-seulement ce mot est devenu usuel; mais il a passé dans le langage technique, officiel, et dans tous les rapports sur des questions de routes, de canaux ou de chemins de fer, on lit que telle voie est *l'artère* principale de la circulation et de la vie.

Victor Hugo a signé bien d'autres expressions. Quelque jour on fera son lexique; ce ne sera pas le moindre hommage dû à son génie.

***

Un air vif de gaieté jaillit presque toujours du langage parisien. Rarement l'expression est lugubre; on pourrait presque dire que jamais elle n'est obscène; car les gaillardises parisiennes s'affublent toujours elles-mêmes d'un voile plaisant, grotesque, qui permet de hasarder les allusions les plus audacieuses devant les oreilles les plus chastes.

Je ne te promets pas, mon hôte, un manuel complet de la conversation. Je te l'ai dit, le mot d'aujourd'hui ne sera pas celui de demain. Mais il y a, au-dessus de la langue ondoyante et diverse de l'esprit parisien, une atmosphère qui imprègne les mots, qui aide à les reconnaître, à les deviner, à les pressentir, quand on l'a respirée. C'est cette atmosphère-là que je veux surtout te faire connaître.

****

Il est bien rare qu'un Parisien familier réponde simplement *oui*, comme un Allemand qui ne dit que *Ya!* quand on lui fait une proposition agréable ; le plus souvent il te frappera dans la main en te disant : *Cela me va comme un gant!* ou bien : *Cela me botte, cela me chausse.*

La main et le pied étant les grandes coquetteries du Parisien, il est tout naturel qu'il pense au triomphe de ce qu'il a de mieux en lui, quand on lui offre un plaisir.

Les termes de négation sont plus nombreux ; l'ironie s'y mêle invariablement, et selon que le *non* doit être accentué, le Parisien, qui refuse, te dira : *Tu t'en ferais mourir! Tu ne voudrais pas! A quelle heure te couche-t-on? Veux-tu la croix d'honneur?* Ou enfin : *Tu veux me la faire à l'oseille.*

L'histoire a été assez heureuse pour se procurer l'acte de naissance de. cette dernière locution. Elle est un souvenir du café Achille, fréquenté par les comédiens, où la mère Achille abusait de la soupe à l'oseille.

***

L'Académie française n'a pas admis, dans sa dernière édition, un mot très-parisien que M. Littré accepte et qui exprime l'idée de satisfaction pour une chose bonne et belle.

C'est réussi !... dit le peuple de Paris ; et le mot trahit merveilleusement l'instinct audacieux, l'amour du travail, du tour de force, la vocation de l'entreprise difficile.

Exécuter une chose ce n'est rien ; la *réussir*, c'est tout ! C'est dans la réussite que le Parisien met sa gloire.

Il dit encore : c'est *ruisselant*, c'est *chic*, c'est *épatant*, c'est *complet*.

Devant une jolie figure, le Parisien s'écrie : Elle a du *galbe*. C'est lui qui a découvert les *yeux qui font le tour de la tête*, et la beauté à la *perdition de l'âme*.

A table, les souvenirs de *la Vie parisienne* autorisent à dire qu'un dîner est bon, à *s'en fourrer jusque-là*. Toute liqueur est *un miel, un velours*, abréviation de cette formule jugée trop longue : *On dirait que le bon Dieu descend en culotte de velours dans l'estomac.*

Il y a quelques années, en 1869, notamment, une locution courait les journaux. Quand on parlait d'un article excellent, d'une idée heureuse, d'une réforme utile, on disait : *C'est topique.* Ce mot n'a pas survécu à la guerre ; un peu de modestie nous est venue de ce temps-là.

Ce qui est mauvais, en actions ou en objets, est déclaré *toc, drogues ; c'est d'un mouche ! Ce n'est pas à prendre avec des pincettes !* — Un homme méchant est bon *à tuer ;* c'est une *peste,* une *rosse.* — Un emploi désagréable est un *métier de chien,* et quand l'exaspération obstrue les idées d'un Parisien, quand les formules manquent à sa colère, il lui reste toujours assez de présence d'esprit pour s'écrier : *C'est gâteux ! c'est idiot !*

*_**

L'amour étant l'éternel vaudeville de Paris, on traduit le verbe *aimer* par le verbe *gober. Gober quelqu'un,* c'est sortir de son égoïsme ; *se gober soi-même,* c'est y rentrer. *Avoir un béguin, être coiffé ; attraper un coup de soleil, être pincé, se monter le coup,* sont aussi des variantes, pour plaindre ou ridiculiser le cœur sensible.

Quant aux mots d'amour, ils sont invariablement empruntés à la ménagerie.

Quand on songe que mademoiselle Mars ne voulait pas que Doña Sol appelât Hernani *mon lion superbe,* et qu'il fallait toute l'autorité de Victor Hugo pour imposer ce terme si logique !

Aujourd'hui, tous les procès en séparation, en adultère, livrent le secret des correspondances amoureuses; on ne s'appelle que *mon chat, mon rat, mon loup, mon singe vert, mon chien, mon chien-chien, mon poulet, ma vieille.* Grassot avait enrichi le vocabulaire des grâces de ce doux mot : *Mon trognon.*

Une maîtresse, à l'heure où son amour devient pesant, n'est plus qu'un *collage,* qu'un *crampon.* Quand on attire dans la rue, sur les boulevards, au théâtre ou dans le monde, l'attention de deux yeux féminins, on dit : *J'ai levé une femme,* comme on dit : J'ai levé un perdreau ou un lièvre...

Je n'ose te conseiller cette locution un peu brutale, qui sert beaucoup plus à la mendicité amoureuse des femmes, qu'à la galanterie élégante et libre des hommes.

Faut-il t'expliquer ce que c'est qu'un *lâchage,* pour spécifier une rupture? Depuis la pièce d'Alexandre Dumas, as-tu besoin d'un commentaire pour savoir ce que c'est qu'un Alphonse?

** * **

Je n'ai jamais compris pourquoi l'être qui vous ennuie est qualifié de *bassinoire;* c'est l'épithète qui devrait couronner, au contraire, le dévouement délicat, continu, aimable, la sollicitude chaude d'un ange gardien, ou d'une garde-malade.

C'est là une des erreurs ou une des subtilités trop fines du langage parisien.. *Bassinoire* subit le même sort qu'*Euménide* et désigne le contraire de l'idée contenue dans le mot.

Manger est remplacé par les verbes *becquiller*, *boulotter, casser une croûte.*

Boire a pour synonymes : *s'humecter, étouffer un perroquet, un nègre* (selon qu'on boit l'absinthe ou le café); *se gargariser, siffler un verre de champagne.* Autrefois (sous le dernier Empire) on disait *un verre de champ;* maintenant qu'on est moins pressé de jouir, on a le temps d'énoncer les mots. et les abréviations sont passées de mode.

**

Se promener, quand on va à pied, peut se traduire par *ballader;* si l'on monte en voiture, on ajoute en *sapin;* on dit encore : *faire son tour de lac.*

Partir, c'est aussi *s'esbigner, se la casser, se tirer des flûtes, jouer de la fille de l'air,* etc.

Un des plus jolis mots de la langue parisienne, c'est celui de *casser du sucre,* pour exprimer l'action d'une médisance, tranquille, précieuse, sur le compte d'un ami.

Cette expression en a provoqué une autre de la même douceur. *Boire du lait* se dit du plaisir que l'on éprouve à entendre médire. Quelle image, et comme on voit la couleuvre ou le serpent laper le lait en rampant jusqu'à l'écuelle !

***

Tu sais déjà sans doute, ce que c'est que *d'être éméché, d'avoir son jeune homme, son petit ou son grand plumet; que d'être raide, pompette !* Ces diverses traductions de l'ivresse ont un tour aimable et guilleret qui dissimule bien la laideur de l'ivrognerie.

Être riche, c'est avoir le *sac.*

Être pauvre, c'est se trouver dans *la déche,* dans *la panne,* dans *le sixième dessous,* dans *le pétrin.*

L'argent se nomme du *quibus,* de la *monnaie* (de l'anglais money), des *balles.*

Tu sauras que toute somme un peu forte ne s'énonce jamais par francs; on dit : un louis, cinq louis, vingt louis. Le mot *sou* est mieux employé; *il a des sous, il n'a pas le sou,* s'applique aussi bien aux millions de Rothschild, qu'aux vingt-cinq centimes du Juif errant.

Le mot *braise* est toujours à la mode.

Je n'ai pas à te donner la définition de la *cocotte;* mais la cocotte me conduit tout naturellement au verbe donner.

Donner ! c'est la vertu, et c'est la niaiserie humaine. Quand c'est la vertu, on dit : *casquer,* par allusion au casque de Bélisaire, que la charité emplissait, mais que la nécessité vidait. S'il s'agit de la niaiserie, on dit brutalement *payer*, et quand on veut exprimer une générosité vague, entre le vice et la naïveté, on dit *abouler*.

****

Dormir se traduit par : *casser une canne, pioncer, être dans la pièce, piquer un chien;* et quand on veut humilier un académicien, toujours un peu mythologique, on dit, par un calembour effroyable, ou plutôt par une entorse donnée au calembour, *se jeter dans les bras de l'orfévre* (pour Morphée).

Les habits, fussent-ils confectionnés par le premier tailleur, s'appellent des *frusques*, et l'homme bien mis, le tiré à quatre épingles, s'appelle *gandin, gommeux, gilet en cœur, chevalier du gardenia.*

Les derniers élégants de l'Empire s'appelaient des petits *crevés;* c'était le mot désespéré d'une époque qui s'avachit et qui s'abandonne; c'était quelque chose d'analogue au mot de Louis XV : *Après moi le déluge!*

— Bah! — semblait dire le voluptueux, — je m'en ferai crever; après moi le fumier!

Il fut bon prophète. Le *gommeux* est, dans son genre, un petit crevé qui ressuscite, qui se maquille, qui se *gomme*, pour faire meilleure contenance; c'est la revanche par le coiffeur.

**
***

Le crédit se symbolise par *l'œil.* Avoir *l'œil,* c'est-à-dire mériter la confiance par un simple regard du marchand, du restaurateur, du fournisseur; avoir *l'œil crevé,* c'est-à-dire perdre son prestige devant un créancier qui devient aveugle pour vos mérites, n'est-ce pas là une image tout à fait poétique qui rend hommage à la psychologie du marchand parisien?

Mourir, ce n'est pas seulement disparaître, c'est déserter l'estaminet parisien; c'est *casser sa pipe, dévisser son billard, lâcher la rampe.* Autrefois on disait : *aller ad patres;* mais le terme était littéraire, prétentieux et païen.

Réussir, c'est avoir la *veine,* c'est être né *coiffé;* c'est *mettre dans le mille,* par allusion au jeu du tonneau. Ne pas réussir, c'est *remporter sa veste;* ce qui s'explique par un athlète vaincu, obligé de se rhabiller, après un pugilat, tandis que le vainqueur, triomphant dans sa nudité, s'habille de gloire et se revêt de lauriers.

On dit aussi *faire un four.* L'origine de cette dernière formule a été attribuée à Théaulon, qui voulait, dit la chronique, faire éclore des poulets dans des fours, à la manière des anciens Égyptiens, et qui n'obtenait que des œufs durs. Comme Théaulon était un auteur comique, il aurait étendu aux avortements des œufs dramatiques l'histoire de ses œufs.

M. Littré conteste cette origine, et assure que *faire un four* vient de l'imprudence que commettaient les comédiens obligés de renvoyer des spectateurs, en refusant de jouer et en faisant une salle vide et obscure comme un four.

**

Le courage, à Paris, ne va pas sans un peu d'aboiement; de là l'expression : *avoir du chien. Manquer de chien,* signifie la mollesse et la lâcheté.

Pleurer, c'est *y aller de sa larme.* Rire, c'est *rigoler.*

Frapper, c'est *écheniller*; être frappé, c'est *écoper.*

Un auteur qui tremble, pendant qu'on joue sa pièce, a le *trac,* le *taf,* et ne peut en *mener large.*

Tuer, c'est *nettoyer.* Le vieux Barrère, parlant à Chenavard, du régime de la Terreur, disait que la guillotine était un excellent moyen d'*écouler* ses ennemis. Le mot *nettoyer* est du même tempérament.

Un homme habile est un *roublard.*

Un homme naïf se laisse *mettre dedans,* et *se fait tirer les vers du nez.*

Le mont-de-piété est le *clou,* ce qui se comprend, puisqu'on feint de suspendre sa montre, ses habits; mais c'est aussi *ma tante,* et à moins qu'on n'ait voulu faire un pendant à l'oncle d'Amérique, fantastiquement attendu, cette dénomination ne s'explique pas beaucoup.

La prison a un nom mélancolique : *l'ombre*; le poste où l'on enferme le délinquant a un nom moqueur, le *violon*. Le gamin de Paris est un *moucheron*, car le mot *moutard* est allé en province.

Le marchand de vins est le *mannezingue*, le *mastroquet*. M. Zola t'a appris ce que c'est que *l'Assommoir*.

La police, comme institution, est surnommée la *rousse*; et le sergent de ville s'appelle familièrement le *sergo*.

*
***
*

Ai-je tout épuisé? Non. Ai-je assez effleuré cette grammaire variable, humoristique, pour te donner la clef des mots qu'on inventera devant toi? Je le crois.

Si l'on se moque de ta *dégaine*, rectifie ton attitude; c'est que tu te présentes mal. Si l'on offre de reproduire ta *binette* dans un journal, ne sois pas aussi farouche que M. Veuillot et consens à la reproduction de ton portrait.

Si l'on te *blague*, laisse-toi *blaguer*, et quand tu prendras ta revanche, si ton partenaire te demande d'*arrêter les frais*, tu comprendras qu'il veut t'inviter à cesser tes taquineries.

Sache que tout créancier est *un Anglais*, pour le Parisien ; toute mésaventure un *cheveu* dans son existence ; toute fantaisie extravagante une *araignée dans le plafond*. Si une femme maigre, ce qu'on appelle une *planche*, essaie de te plaire, prends garde de te *laisser allumer ; tu n'en ferais que des cendres.

***

A cet aperçu rapide du langage parisien, il faudrait ajouter tous les argots, depuis celui des hommes politiques jusqu'à celui des voleurs, en passant par celui des boursiers, des gens du turf, qui ont inventé une langue absolument interdite au vulgaire, et des artistes peintres, sculpteurs, musiciens, comédiens. Mais, encore une fois, j'ai voulu te donner un aperçu, une esquisse.

Figaro prétendait, au siècle dernier, que *goddam* suffisait pour être compris en Angleterre. Le français de Paris est un peu plus compliqué ; mais je t'ai enseigné l'essentiel. Pour le surplus, ne perds pas contenance ; fais comme nos marchands qui inscrivent sur leurs enseignes : *English spoken, Man spricht deutsch, Se habla español*, sans répondre jamais, que par de l'anglais des Batignolles, de l'allemand de Pantin ou de l'espagnol de l'Eldorado, aux questions des étrangers, et qui cependant s'en font assez comprendre pour leur vendre ce que ceux-ci ne voulaient par acheter.

C'est un *truc* à apprendre. J'espère, mon hôte, t'avoir assez instruit, pour m'en fier maintenant à ta prudence. Ce qu'on sait doit surtout servir à dissimuler ce qu'on ignore.

XX

PARIS-VÉRITÉ

Nous voici, mon hôte, arrivés au terme de notre promenade dans Paris.

C'est une façon de parler; car Paris n'a pas d'extrémité, et la promenade, finie aujourd'hui, peut se recommencer demain. Comment aurais-je la prétention de te faire connaître un monde que les Parisiens eux-mêmes n'achèvent jamais de pénétrer?

On a dit que l'histoire de la France devrait s'écrire en un volume ou en cent.

J'affirme que l'histoire de Paris, en cent volumes, ne serait encore qu'un abrégé, et que, la dernière page finie, il faudrait revenir à la première, pour la retoucher, l'augmenter de notes, de commentaires.

Paris est un océan. Son fond est immuable. A
quelque instant de l'histoire qu'on jette la sonde, on
trouve les mêmes sables, les mêmes débris et les
mêmes profondeurs; mais, à la surface, quelle physionomie mouvante! Sans parler des esquifs, partis
de tous les points du globe, qui agitent et colorent
de leurs pavillons cette mer hospitalière, combien
de coups de vent ou de brises peuvent multiplier
à l'infini les aspects de cette eau, tour à tour verte,
grise, blanche, écumeuse ou placide!

Je t'ai signalé quelques écueils; je t'ai donné, je
l'espère, la curiosité de quelques endroits intimes,
oubliés par les navigateurs. J'ai voulu te faire aimer
cette capitale des gens aimables; j'aurais douté de
ta pénétration et mal jugé de ton esprit, si j'avais
eu la prétention de ne te laisser aucune découverte
à faire, aucune expédition à tenter.

Un des charmes, je devrais dire le plus grand
charme de Paris, c'est précisément cet immense
inconnu qui s'ajoute toujours aux notions acquises.
Je viens de le comparer à l'Océan; je pourrais le
comparer à l'âme d'une femme, et Shakespeare serait
de mon avis.

Depuis le premier couple, depuis la première idylle, depuis la première trahison, depuis le premier meurtre, combien de livres écrits pour expliquer la femme? Les poëtes, à commencer par Homère, n'ont pas d'autres sujets d'épopée. Si l'on retranchait de la Bible tout ce qui appartient à la femme, que resterait-il d'intéressant sur l'histoire des Hébreux?

Eh bien, est-ce que ce sujet est épuisé? Est-ce que les romanciers, les poëtes, les philosophes, les faiseurs de madrigaux et les faiseurs de statistique criminelle cesseront jamais d'écrire sur la question de la femme, sans avoir la prétention de dire le dernier mot?

Est-ce qu'on a pu fixer sur un tableau toutes les combinaisons de grâce, d'amour, de coquetterie, de tromperie, dont le cœur de la femme est susceptible? Ne l'aime-t-on pas précisément pour cette nouveauté infinie? Cessera-t-on jamais de l'aimer? Non, car on ne cessera jamais d'aspirer à la connaître. Si l'âme de la femme était enfermée dans une formule, le progrès s'arrêterait; la vie serait interrompue, et le dernier homme, probablement un célibataire, bâillerait son dernier soupir dans un ciel vide.

Peux-tu supposer, mon hôte, ce que serait la vie, ce que deviendrait la passion moderne, si Paris tout à coup disparaissait?

Sans doute, il resterait des Français en France; on pourrait à la rigueur refaire une autre capitale. Mais si le génie de Pierre le Grand a pu substituer Saint-Pétersbourg à Moscou, quel Français oserait substituer Lyon, Bordeaux, Marseille, Lille ou Versailles à Paris?

On ne crée pas un milieu pareil; pas plus qu'or ne refait le vieux, l'ancien boulevard parisien, en perçant des boulevards nouveaux. Il a fallu des siècles de civilisation, d'erreur, de vérité, de guerre, d'orgie, de misère, de sagesse et de folie, pour agglutiner toutes ces parcelles qui composent Paris.

Un voyageur du xviiie siècle, en parcourant l'Auvergne, faisait un rêve assez extraordinaire pour l'époque.

Il se demandait si ce ne serait pas un merveilleux spectacle que celui qui s'offrirait à l'explorateur d'un ancien cratère éteint. Il voulait qu'on perçât à la base un des cônes refroidis qui ont lancé la lave, et il supposait des métaux inconnus, des stalactites d'or, de fer, de bronze, dans les roches évidées par le feu.

*
* *

Il ne serait pas plus chimérique de vouloir un découpage de Paris; on aurait plus de chances alors de trouver ces aspects fantastiques, ces alluvions de métaux, ces trésors fondus, pétris, ces richesses

inconnues, qu'une lente combustion a agglomérées
dans le sol parisien.

J'aime trop Paris pour avoir la prétention de
l'avoir fait connaître dans cet aperçu rapide, dans
ces notes écrites, afin d'être mises dans la poche, à
côté du portefeuille; mais j'espère t'en avoir parlé
avec assez de sincérité pour que tu l'aimes; et c'est
là mon but.

* * *

Si tu pouvais me répondre, ô mon ami impalpable et invisible, tu me dirais, j'en suis certain,
qu'en riant un peu des bons tours joués par les
hôteliers et les marchands; qu'en soupirant des
illusions que je n'ai pu prévenir; qu'en gardant un
attendrissement particulier de certains regards dont
tu t'es senti effleuré, tu emportes une estime virile,
une amitié cordiale pour Paris, pour les Parisiens.

N'est-ce pas, mon hôte, que je ne présume pas
trop de ton goût, de ta reconnaissance et de ta
justice?

* * *

On t'avait dit cent fois que l'étranger à Paris
était le plastron de tous les quolibets, la cible de
toutes les moqueries!

Qui t'a raillé? N'as-tu pas eu le droit d'aller partout, d'entrer partout, à ta fantaisie? Et si, en dépit de mes avertissements, tu as payé un peu plus cher qu'un Parisien véritable le droit de voir certaines curiosités de Paris dont le Parisien d'ailleurs ne se soucie pas, tu as toujours eu partout le plaisir que tu souhaitais, pour ton argent. On t'a peut-être exploité; on ne t'a pas escroqué.

Compare les mœurs du Paris restaurateur, hôtelier, marchand, à celles des industriels de même catégorie que tu as visités à Londres, à Vienne, à Philadelphie, lors des expositions, et tu verras si, somme toute, les légères écorchures que tu emportes de Paris ne sont pas adoucies et cicatrisées par le baume de tes autres souvenirs, et si tu n'as pas moins souffert, dans cette capitale des capitales, que dans les capitales des capitaux.

*
* *

Je ne t'ai jamais dit que le Parisien fût un être parfait; mais on peut affirmer que, s'il a de nombreux défauts, il n'a relativement pas de vices.

Est-il ivrogne? cruel? violent? Non, mais il possède les succédanés de ces péchés capitaux; et s'il n'aime pas à s'abrutir dans l'ivresse, il adore la gaieté du vin; il lui demande des joies de l'esprit, il chante en buvant, il boit pour chanter. Ce doit être un Parisien, ce fanatique d'illuminations qui a inventé l'expression de voir *trente-six chandelles* quand il commence à avoir la vue trouble.

Malgré les pages sanglantes qui se trouvent dans l'histoire de tous les peuples et que Paris ne saurait renier pour son propre compte, j'affirme que le Parisien n'est pas cruel.

Aucun peuple n'a la générosité plus prompte, l'enthousiasme plus enfantin. Il y a bien des travailleurs étrangers dans les artisans de nos guerres civiles ; mais combien de fois n'a-t-il pas suffi d'un rire ou d'une larme pour dissiper la fumée d'une mauvaise colère, et pour faire rendre hommage par le Parisien à ceux mêmes qu'il combattait et qu'il voulait tuer ?

Paris n'est pas méchant ; car s'il a des irritations subites, il a des apaisements tout aussi rapides, et la rancune lui est absolument impossible. Il ne hait pas, il déteste ; ce qui est bien différent ; aussi, souvent, au lieu de frapper, se contente-t-il de siffler.

On a fait des pamphlets et des manifestes, à toutes les époques, contre Paris révolutionnaire. Le Parisien a toujours été dénoncé comme le boute-en-train de l'insurrection. J'aurais beaucoup de choses à dire à cet égard, et si l'on comparait les révolutions françaises à celles des autres pays, on pourrait prouver que les nôtres ont toujours été plus fécondes pour le bien général, en étant peut-être plus douloureuses pour nous en particulier.

Seulement, le Parisien n'achève pas toujours le

mouvement commencé; il s'interrompt ou se laisse désarmer.

Il ne fait rien à demi. Quand il s'élance, sa première fougue est effrayante. Il est grandiose en 1789, terrible en 1792, héroïque en 1870; il est sinistre en 1871; mais quand on croit tout perdu; quand il semble que la lave ne s'arrêtera plus, le Parisien a des lendemains de paix, de soumission, de concorde, de bonhomie qui stupéfient, autant que ses fureurs.

*
* *

Le Parisien est railleur; mais il est sa première victime, et il n'aime rien tant que de se railler lui-même.

Interroge un Parisien, un vrai, sur le siége de cinq mois soutenu en 1870 et 1871! Crois-tu qu'il a en gardé de la fierté, de la morgue? Il y a cent à parier contre un, que jamais tu ne l'auras trouvé plus goguenard, plus sceptique.

— Ah! te dira-t-il, c'était bien drôle; il n'y avait plus de pain, on mangeait des rats, on mourait comme des mouches; c'était bien drôle!

Si tu insistes, si tu as le mauvais goût de vouloir démontrer à ce héros qu'il a été héroïque, il se fâchera, ou bien il te prouvera par des raisonnements à pouffer de rire, que ce n'était rien; que c'était tout simplement une habitude à prendre; qu'au fond, un siége n'est pas une chose si dure qu'on le pense.

Il souscrit pour tous les monuments, excepté
pour ceux qui le glorifieraient. Il n'est venu à personne
l'idée d'ouvrir une souscription pour consacrer, par
une colonne ou une statue, le courage de Paris
pendant le siége. Un pareil projet eût été bafoué
avec colère. L'honneur de Paris vit et rayonne, mais
ne s'affirme pas et ne se transfigure pas dans une
apothéose de marbre ou de bronze.

La plus grande vertu du Parisien, c'est la Parisienne.

Je te parlais du siége. Le stoïcisme des hommes
n'était rien auprès du courage patient et tranquille
des femmes.

Sans doute, on s'est bien battu à Buzenval, et les
bataillons de marche avaient une fière attitude, en
allant au rempart. Mais qu'est-ce que ce courage
rhythmé par le tambour et échauffé par le drapeau,
quand on songe à ces femmes, à ces jeunes filles,
délicates, mal vêtues, qui, pour le mari, pour le
grand-père, pour l'enfant, allaient, pendant quatre
heures de suite, en plein hiver, sous la neige, par
quatorze degrés de froid, attendre à la porte des
boucheries ou des boulangeries la ration municipale?

Si tu avais vu ce spectacle sans pareil, mon hôte,
tu aurais été stupéfait, non pas de la douleur de ces
martyres, mais de leur belle humeur. Tu aurais

admiré, dans son expansion superbe, cette insouciance joyeuse qui est le propre de Paris.

Elles frissonnaient, elles gelaient, les malheureuses, elles avaient aux yeux de grosses larmes arrachées par le froid et la fatigue ; mais elles riaient entre elles des mille indiscrétions qui courent les rues ; et quelques-unes, en rentrant, avec le rire aux lèvres, se couchaient, pour mourir du froid attrapé en riant.

Voilà la Parisienne. Je ne te dirai pas qu'elle donne l'étincelle à l'esprit du Parisien. Je serai plus juste, sans cesser d'être galant, en affirmant qu'elle est de moitié dans toute la verve, dans toutes les manifestations railleuses, comiques, sentimentales, comme dans toutes les émotions héroïques du Parisien.

C'est la Parisienne, on peut le dire, qui a fait les embellissements de Paris. Il a fallu partout l'asphalte pour ses pieds finement chaussés ; comme il a fallu partout des fleurs pour lui donner l'illusion d'une serre ou d'un jardin. Son goût s'impose aux hommes, et quand elle ne pleure pas à un drame ; quand elle n'applaudit pas à une comédie, toute la coalition masculine se briserait contre ce fait ; la pièce n'aurait aucun succès.

Le goût a ses erreurs, cela va sans dire, et la Parisienne, comme le Parisien, a des engouements qui la font calomnier ; mais, ainsi que dans Shakes-

peare, les illusions de Titania caressant une tête d'âne
sont des enchantements du génie parisien, qui, de
temps en temps, comme Obéron, veut avertir la fée
et aviver son amour de l'idéal.

Quel réveil charmant et délicat après ce songe de
quelque nuit d'été! Comme la Parisienne se venge
de l'aliboron qui a cru la séduire! comme elle
déchire les mauvais livres, les mauvaises pièces, les
vilaines modes qui ont mis un intermède grotesque
dans la féerie de son goût!

La Parisienne a l'enthousiasme facile; mais, sous
une poésie de surface qui est comme la floraison de
sa grâce, elle a un caractère très-positif.

Si j'avais le temps, je te raconterais comment cette
élégante, cette évaporée, garde, à travers ses falbalas,
une préoccupation de ménagère, et sait souvent,
mieux que le mari, thésauriser les économies ou conserver le trésor acquis. J'irai même plus loin, et, au
risque de paraître jeter une ombre sèche, une défaveur
sur les Parisiennes, j'oserai dire qu'on trouve à Paris
plus de femmes ayant une certaine avarice que de
femmes prodigues.

Magnifique et sachant compter! voilà la Parisienne.
Est-ce un tort? Ai-je besoin de répéter, après Chateaubriand, que l'avarice est souvent le défaut des gens
d'esprit?

Nous savons du moins qu'à Paris, comme ailleurs, la prodigalité est souvent la rançon des sots.

****

Ce petit fond de comptabilité qui réside dans l'âme de la Parisienne tient à son besoin d'ordre et d'honnêteté.

Oui, je l'affirme, s'il y a dans tous les pays, capitales ou provinces, des honnêtes femmes, je crois que nulle part il n'y a, comme à Paris, des femmes parant le devoir des séductions du fruit défendu.

La Parisienne a la passion de l'honnêteté. C'est elle qui a salué de ses bravos la *Gabrielle,* d'Émile Augier, *l'Honneur et l'Argent,* de Ponsard ; c'est elle qui, plus récemment, a fait un grand succès à *la Fille de Roland* et aux *Fourchambault.* Elle aime par-dessus tout, à travers tout, au théâtre, le triomphe de l'honneur, et, si elle va, de temps en temps, applaudir l'opérette grivoise, c'est pour ne pas laisser le Parisien y aller seul ; mais, au fond, elle a plus de penchant pour la tragédie. Les Parisiennes ont aidé autant, sinon plus que les hommes, à la gloire de Rachel.

****

Délicate à l'excès, la Parisienne déteste la brutalité, au même point qu'elle hait l'obscur. Elle fut l'implacable ennemie de la lumière électrique qu'elle accusait de dévaliser les traits ; mais depuis qu'on a enchaîné le monstre dans des globes laiteux, la Parisienne adore cette lueur lunaire, et la trouve à la fois plus blanche et plus discrète que le gaz.

Elle a la charité intelligente. Elle aime les enfants, les siens et ceux des autres. Elle est d'une pitié inusable, et chaque fois que, dans un journal, elle lit le récit d'un accident, l'annonce d'une misère, elle part vite au secours ; elle envoie un louis ou un franc au journal qui a raconté le malheur.

Elle rit volontiers ; le rire fait partie de sa morale, de sa coquetterie et de son hygiène ; mais elle ne rit que de ce qui est risible ; jamais son rire ne blesse, et elle aime mieux se railler elle-même, que de railler les autres.

En amour, elle est l'héroïne vraie. Elle se donne, comme Paris se donne lui-même, de toutes ses fibres, de toute sa volonté, de toute son âme. Elle supporte longuement celui qu'elle a un jour accepté, fût-ce dans un jour d'erreur ; mais quand elle est trahie, quittée, obligée à la résignation, quelquefois elle aime mieux mourir que de vivre sans pouvoir aimer.

Nulle part, on ne se tue autant par amour. Ne raille pas la pauvre ouvrière qui s'asphyxie avec quelques sous de charbon ! Celle qui se tue pouvait se vendre. Elle a eu plus de fierté. Quelquefois, elle essaie de tuer l'ingrat et l'infidèle ; mais sa main n'est pas toujours sûre, et la victime peut presque toujours venir dénoncer son touchant assassin.

***

J'arrête là mon esquisse de la Parisienne, et j'arrête là, par conséquent, mon guide sentimental dans Paris.

Je résiste à la tentation de continuer; mais alors où m'arrêterais-je?

Tu en sais assez pour te conduire dans le labyrinthe.

Je suis persuadé de n'avoir failli à aucun devoir envers toi, mon hôte, envers Paris, qui te donne l'hospitalité.

J'ai donc la conscience satisfaite. La tienne l'est-elle? Je l'espère.

Emporte mon petit livre dans ta patrie. Ce sera, non pas l'histoire, mais le sommaire de ton voyage, la fleur du souvenir que tu respireras, de temps en temps, pour te rappeler les amis que tu as faits, ceux que tu pourras faire encore, quand tu reviendras; car c'est là l'axiome par lequel je dois terminer tout ce qui regarde Paris exclusivement.

Il est plus facile de n'y pas venir que de n'y pas revenir, quand une fois on y a mis le pied.

XXI

UN POST-SCRIPTUM

LES ENVIRONS DE PARIS

Un scrupule m'est venu, mon hôte. Je t'ai montré le Parisien chez lui, je pourrais dire le Parisien chez toi : car tu t'es acclimaté vite à Paris; mais je n'ai pas le droit d'oublier, de méconnaître cette extension de l'esprit, qui flotte comme une lumière, sur les paysages charmants et l'horizon extérieur de Paris.

Sans aucun doute, la campagne a des beautés naturelles que tout l'art du monde ne peut égaler, et que l'art gâte quelquefois ; mais on peut dire du panorama varié, pittoresque, que le voyageur découvre hors Paris, que si la nature a fait beaucoup, le génie parisien n'a rien gâté.

Que seraient les coteaux de Louveciennes, sans l'aqueduc qui en surmonte la crête ? la terrasse de Saint-Germain ne met-elle pas un couronnement nécessaire à la montagne? Nous devons bien reconnaître que si Versailles est un décor artificiel, il mérite qu'on l'admire autrement, mais autant que la forêt sauvage où Henri IV allait chasser, où Louis XIII, pris un jour d'un accès de mélancolie, décréta qu'on remplacerait un moulin à broyer du blé par un petit château à broyer de l'ennui?

C'est un fait singulier et presque fatidique à noter que la première création de Versailles par Louis XIII. Louis XIV rendit plus solennel ce palais du baillement, et ce n'est pas absolument pour l'égayer que les adorateurs du passé ont cru devoir y loger nos deux assemblées délibérantes.

C'est par Versailles, mon hôte, que tu commenceras tes promenades autour de Paris.

Le chemin est charmant à faire à pied, en voiture. Depuis les Champs-Élysées, où la maison de François Ier est pour ainsi dire la première borne kilométrique de cette route de l'histoire, combien de stations intéressantes tu pourrais faire, en méditant sur les tourbillons de poussière humaine et de poussière monumentale que le vent des révolutions a soulevés le long de ces quais?

Napoléon, jaloux des Invalides, avait voulu dépasser Louis XIV, élever un palais qui eût humilié celui de Versailles, en dimension, en splendeur. Il eût dominé

Paris, obstrué l'horizon, accaparé le soleil et les hommages. Il eût été le tabernacle gigantesque de l'orgueil de cet homme.

La rafale de la Bérésina a soufflé jusque sur les hauteurs de Chaillot, a éteint subitement ces rêves prodigieux. Napoléon III n'a pas osé les rallumer, et c'est la République, modestement triomphante, qui a couronné, au nom de la paix, du travail, ce Thabor impérial d'où Napoléon voulait régner sur Paris et sur le monde.

A côté du palais du Trocadero, qui efface pour jamais l'empreinte du Conquérant, tu trouverais en furetant, la maison que Franklin a habitée. Pourquoi n'a-t-il pas sa statue à Passy, ce concitoyen de la liberté qui eut la plus belle des devises :

Eripuit cœlo fulmen, sceptrumque tyrannis?

Paris ne serait que juste, en consacrant la place où ce grand homme a reçu l'hospitalité, et la République ferait preuve de tact et de reconnaissance, en faisant saluer ce républicain modèle par les républicains qui passent :

Tu pourrais t'arrêter à Auteuil :

Auteuil, lieu favori, bien fait pour les poëtes,
Que de rivaux de gloire unis sous tes berceaux!

Ainsi parlait Chénier, du temps où Auteuil était une retraite lointaine, et non un quartier de Paris.

Là, tu peux sourire, mon hôte, aux ombres de d'Aguesseau, de Boileau, de Molière, de La Fontaine, de Madame Helvétius, de Fontenelle, de Diderot, de Condorcet, de Condillac et même de Boufflers.

Tu atteindrais ainsi le pont de Sèvres; tu pourrais voir la manufacture, et, reprenant ton souffle, tu marcherais, sans plus t'arrêter, jusqu'à Versailles, en ajournant Saint-Cloud.

Mais qui donc, aujourd'hui, s'aviserait pour lui-même et conseillerait aux autres un voyage à pied, si court qu'il fût? Rêve en chemin de fer, mon hôte, si tu le veux, et va à Versailles, comme le premier sénateur ou le premier député venu.

Versailles est un musée : l'herbe croissait, il y a dix ans, partout dans ses rues. Aujourd'hui la politique l'a broutée.

Tu sais ce qu'il faut voir et ce qu'il faut éviter, dans ce mausolée de Louis XIV, où le peuple a jugé la Royauté; où Napoléon se sentait gêné par une grandeur qui ne datait pas de lui; où la Restauration n'a rien restauré; où Louis-Philippe a eu l'ingénieuse idée de cacher les souvenirs sous des peintures; où le roi de Prusse s'est fait proclamer empereur; où Bazaine a été jugé; où M. Grévy a occupé l'appartement de Marie-Antoinette ; et où les deux assemblées de la France républicaine font leur dernière étape, avant de rentrer pour jamais dans Paris.

Versailles est l'endroit de France où il se débite le plus d'eau claire. Va voir jouer les nymphes, les dieux, les grenouilles des grands bassins et les orateurs des deux Chambres.

*
* *

Tu ne peux pas manquer de visiter le château de Saint-Germain, restauré, et devenu un musée d'antiquités, quand il se prêtait si bien à devenir un musée de la Renaissance. Salue le pavillon Henri IV, où Louis XIV est né, où M. Thiers est mort, où les deux points extrêmes de la vie sociale et politique de la France se joignent dans un éclair : le dernier grand roi et le premier grand citoyen.

*
* *

Saint-Cloud n'est plus qu'une ruine. Quelle purification était nécessaire à ce palais, abri funeste aux rois, auberge de la monarchie en déroute, scandaleux théâtre du dix-huit brumaire ?

Un détail ignoré de l'histoire, et qu'il faut consigner, c'est qu'en 1870, dans les derniers jours de l'investissement de Paris, quand on pouvait encore sortir un peu, un membre du gouvernement de la défense nationale, grand amateur de jolis meubles, étant allé à Saint-Cloud, fut alarmé, à la pensée qu'un bombardement possible ou qu'une attaque vive des Prussiens pouvait anéantir le mobilier exceptionnellement curieux de ce château.

Il le fit transporter et mettre en sûreté à Paris.

Cet amateur prévoyant n'est autre que Rochefort. Il se montrait alors très-fier de cet exploit. Je ne sais s'il s'en vante aujourd'hui.

Il est assez bizarre qu'on n'ait eu l'idée de bâtir un vrai château à Saint-Cloud, et d'en faire une résidence royale, qu'après que Jacques Clément eut ensanglanté la place.

Ce fut d'abord une petite maison de plaisance. Catherine de Médicis, dans l'intimité, eut là de délicieuses causeries sur la Saint-Barthélemy. Son fils devait expier ces bavardages mystérieux, et Henri III, complice du massacre des protestants, fut tué précisément par ceux qu'il avait contribué à armer. Il est vrai qu'il leur avait fait le tour d'assassiner le duc de Guise.

La maison *de Gondi* (tel était le nom de la petite propriété qui avait vu les fêtes de Catherine de Médicis, la mort de Henri III, l'avénement de Henri IV) fut abandonnée pendant tout le règne de Louis XIII. Elle passa, on ne sait trop comment, entre les mains d'un financier, Hervard; mais voici comment Mazarin la fit entrer dans les mains du roi.

Un jour Louis XIV, étant allé à Saint-Cloud, trouva l'endroit plaisant, le site favorable à l'établissement d'un palais.

Mazarin fut chargé de négocier l'acquisition.

Il alla rendre visite à Hervard, et après avoir vanté les magnificences de sa demeure:

— Je suis sûr, lui dit-il, que tout cela doit vous coûter au moins douze cent mille livres.

Le contrôleur général, peu soucieux de faire connaître son opulence au premier ministre, répondit au cardinal qu'il n'était pas assez riche pour consacrer une somme aussi considérable à ses plaisirs.

— A combien donc vous revient cette maison, reprit Mazarin, à deux cent mille écus?

— Non, monseigneur, répliqua le financier, je ne suis pas en état de faire une si grande dépense.

— Allons, ajouta le cardinal, je le vois, cela ne vous coûte que cent mille écus.

— Il est vrai, monseigneur.

— Le lendemain, Mazarin envoya trois cent mille livres à Hervard, avec une lettre où il lui annonçait que le roi désirait acquérir la maison pour le duc d'Orléans, son frère.

Le porteur de la lettre était un notaire; l'argent était tout prêt; il fallut signer; et Louis XIV devint posesseur de la maison d'Hervard.

Ce tour ingénieux, qui tient à la haute escroquerie

politique, donna pour cent mille écus au roi de France ce qui coûtait un million au financier. Il est vrai que c'était un financier, et qu'il restituait ainsi, sans le vouloir, une partie de ce qu'il avait volé.

Mais la moralité du procédé de restitution n'en est pas moins fort douteuse.

Proudhon connaissait peut-être l'anecdote, quand il écrivait : *La propriété, c'est le vol.*

On pourrait rectifier ce paradoxe et dire : *la propriété royale.*

***

Ce fut à Saint-Cloud, que Philippe-Égalité, alors duc de Chartres, eut un jour la témérité de monter avec les deux frères Robert dans l'aérostat que ces physiciens avaient construit.

Les constructeurs assuraient qu'ils avaient trouvé le moyen de diriger les ballons. Celui qui devait faire plus tard, une chute bien autrement terrible sur la place de la Révolution, après une tentative d'ascension bien autrement hasardeuse pour un prince, voulut être de ce premier voyage à travers les nues.

L'expédition ne fut pas sans dangers. Si le duc de Chartres ne s'était pas avisé de déchirer le taffetas, à un moment donné, l'aérostat partait pour des régions fantastiques.

Les voyageurs prirent terre à Meudon et le futur Philippe-Égalité fut heureusement conservé pour sa famille et l'échafaud.

*
* *

Tu le vois, mon hôte, une promenade à Saint-Cloud est particulièrement sentimentale et dramatique, et pour qu'aucun des personnages principaux de la Révolution ne manquât aux ombres lugubres qui flottèrent longtemps sur le château, Marie-Antoinette eut la fantaisie d'acheter cette résidence au duc d'Orléans. Elle en devint propriétaire, moyennant six millions, par un contrat passé en son nom, le 20 février 1785.

Le dix-huit brumaire déshonora le palais.

Ah ! mon hôte, quelle comédie à la fois grotesque et abominable ! Je ne veux pas alourdir ces pages avec une narration prise aux historiens de ce coup d'État. Je ne veux relever que cette farce scandaleuse des prétendus poignards, dirigés contre la poitrine de Bonaparte.

Puisqu'on inventait des assassins, il fallait bien inventer des témoins et des victimes.

Un grenadier ayant eu le bonheur de déchirer la manche de son habit à l'angle d'une porte, fut remarqué et choisi pour porter témoignage contre les gredins de législateurs qui n'avaient pas consenti à se laisser mettre doucement à la porte.

Thomé, c'était le nom du soldat, racontait lui-même, dit Savary, qu'il avait été mandé chez le général; que là il avait appris de lui, en *déjeunant*, qu'il l'avait sauvé en recevant à sa place dans la manche un coup de poignard; que Madame Bonaparte l'avait embrassé; qu'elle lui avait fait cadeau d'une jolie bague, en lui promettant une pension, et qu'il allait passer du coup, de simple soldat officier. L'anecdote fausse courut tout Paris, et, au théâtre, Thomé reçut des ovations et des couronnes, à l'occasion d'un vaudeville composé pour la circonstance et intitulé *la Girouette de Saint-Cloud.*

Napoléon Ier était plus gai que Napoléon III. Celui-ci n'a pas osé faire mettre en vaudeville ou en opérette l'affaire du 2 décembre.

Le 30 novembre 1809, l'auteur du dix-huit brumaire, parvenu au comble de la gloire et de l'impunité, voulut divorcer avec sa femme, sans s'apercevoir qu'il divorçait avec la fortune.

Ce fut à Saint-Cloud que Napoléon, débarrassé de l'aimable Joséphine, délibéra sur le nouveau choix à faire. Ce fut à Saint-Cloud que, le 1er avril 1810, dans la chapelle, la *fille des Césars* épousa le *successeur de Charlemagne.* Un cérémonial qui devint comique, à force de solennité, régla jusqu'aux moindres mouvements des augustes personnages et des assistants.

Comme il fallait qu'en toutes choses l'imitation poursuivît l'histoire, ce fut le contrat de Louis XVI et de Marie-Antoinette qui servit de modèle au contrat de mariage de Napoléon et de Marie-Louise. Les poëtes et les humoristes pourraient tirer des oracles de cette malencontreuse parodie.

C'est aussi à Saint-Cloud qu'un des hommes qui se tinrent, jusqu'à la fin, debout devant l'Empereur, osa lui prédire sa chute.

Napoléon rencontrant Népomucène Lemercier lui demanda :

— Quand nous donnerez-vous une belle tragédie ?

L'écrivain regarda l'Empereur fixement et répondit ce mot superbe :

— J'attends !

Il n'attendit pas longtemps; c'était en 1812. La tragédie allait commencer, et le canon frappait les trois coups, sur le grand théâtre de la Russie.

Un jour, dit M. Vatout, un vainqueur brutal se coucha tout habillé dans le lit de Napoléon, à Saint-Cloud, heureux, dans son orgueil de déchirer avec ses éperons les draperies impériales. Une meute de chiens qui le suivait partout occupait et dévastait le boudoir de l'impératrice; et les livres de la bibliothèque jetés pêle-mêle sur les parquets, attestaient son respect pour la civilisation.

*_**

La première étape de la Restauration fut à Saint-Cloud, la dernière aussi. Louis XVIII y coucha, en regrettant Versailles ; Charles X s'y retira en 1830, sans se douter, le pauvre homme, qu'il allait partir de là pour Holyrood.

Je ne sais, mon hôte, à quel parti tu appartiens ; mais tu es un homme de ton temps et tu peux rire de ce mot innocent et effroyable de Charles X, qui, quelques jours avant d'aller jouer son dernier whist à Saint-Cloud, ayant reçu aux Tuileries les pairs de France et les députés, disait en parlant des députés plébéiens mêlés aux *ultras* de l'aristocratie :

— Il y a ici bien du *meli-melo* ; mais je ne parle pas à tout le monde !

Louis-Philippe adora Saint-Cloud, et y fit quelques enlaidissements qui étaient sa manie. Lui aussi prit cette route-là pour partir en exil.

Ce n'est pas à Saint-Cloud que Napoléon III a fait atteler sa dernière voiture ; mais l'histoire anecdotique raconte qu'il y fut pris un jour d'une syncope très-alarmante. Les circonstances qui la précédèrent faillirent amener un autre divorce impérial ; mais tout s'arrangea, hélas ! et la guerre d'Allemagne fut la galanterie promise, pour effacer le souvenir de cette syncope, préjudiciable au bonheur conjugal.

Tu le vois, mon hôte, Saint-Cloud fut une hôtel-

lerie particulièrement tragique aux souverains français. L'incendie des Allemands a complété par un
bouquet d'artifice épouvantable le spectacle des
catastrophes princières. Puisse-t-il dans son ouragan
avoir emporté, comme des fantômes, les légendes
funestes qui avoisinaient Paris!

Le château de Fontainebleau a des souvenirs
presque aussi dramatiques. A travers des cavalcades
et des fêtes, on voit de temps en temps un spectre
apparaître, et Christine de Suède a laissé la trace
du sang de Monaldeschi dans la galerie des Cerfs,
comme pour parapher le registre de l'hospitalité,
après les reines et les rois qui étaient venus, exilés
ou fugitifs, s'asseoir à l'ombre de la forêt.

La forêt de Fontainebleau, voilà, mon hôte, la
grande attraction, quand on t'aura montré la salle
où Pie VII fut captif, la salle où son geôlier abdiqua,
et les assiettes que Louis-Philippe fit conserver, pour
satisfaire son goût des musées, qui ne créa pas toujours, ni partout, les musées du goût.

Un brave homme, mort il y a deux ans, mais que
les artistes honorent d'un culte reconnaissant, s'était
fait, par amour des grands arbres, l'appariteur et le
cicérone de la forêt de Fontainebleau.

Denecourt, surnommé le Sylvain, a vécu et est
mort dans l'étude, dans l'admiration, dans la fa-

miliarité intime de la forêt. Pendant trente ans, il a passé toutes ses heures à faire des découvertes dans ce domaine, qu'il rendait infini, à force de l'analyser.

Il a tracé 150 kilomètres de sentiers, étiqueté tous les arbres curieux, nommé tous les rochers pittoresques, et initié le public banal à une intelligence, à une sympathie de la nature, qui le place parmi les éducateurs du peuple, à côté des grands peintres, qu'il a conduits aux meilleurs points de vue à dessiner.

Pense au vieux *Sylvain*, qui a mêlé son âme à l'âme de la forêt, et prends garde de faire saigner une branche des vieux arbres en y touchant trop fort. Peut-être que Denecourt habite dans les grands chênes et y continue sa vie !

**
**

J'ai commencé, mon hôte, cette promenade autour de Paris par les principales stations historiques.

Mais si tu te soucies plus des endroits ombreux que des endroits illustres, ou bien si tu n'aimes les vieux palais que quand leurs vestiges s'effacent sous l'herbe, va chercher sur les coteaux de Marly la trace à peu près disparue du fameux *ermitage* où Louis XIV n'aimait guère à faire l'ermite.

Louveciennes s'est purifié. Le pavillon Dubarry est une honnête habitation ; mais comme il y a une.

vocation, je ne dis pas une fatalité, sur les lieux et sur les choses, du sommet où la grande impure regardait venir le carrosse du roi, on peut contempler de loin, la *grenouillère* où des grenouilles parisiennes s'ébattent en se passant de rois. Les financiers leur suffisent.

Ah ! les jolis horizons, les vertes collines, les effets d'eau paisible, dans ce paysage qui a par-ci parlà des airs italiens, mais qui, malgré tout, garde un charme unique, le charme de Paris. Quand la poussière des chemins s'envole sous un souffle, elle est comme un nuage de poudre de riz et l'on y sent toutes sortes d'aromes civilisés!

Tous les guides te recommanderont une excursion, une visite, aux tombeaux de Saint-Denis. Ne te laisse pas trop émouvoir. Ces tombeaux, même ceux que l'on peut croire occupés, sont vides, et jamais le néant de la grandeur n'a été plus énergiquement symbolisé que par ces catafalques dans lesquels personne ne dort.

Pour ajouter une ironie à toutes celles que le philosophe trouve dans ce musée royal, le soleil passe à travers une verrière, où Louis-Philippe rayonne comme un preux du moyen âge; et cette lumière tamisée par un roi constitutionnel, va chercher timidement l'entrée du caveau où Louis XVIII attend encore sur des tréteaux de fer que son successeur vienne le pousser dans une tombe définitive.

Quand abrégera-t-on cette faction légendaire?

***

Quand tu seras rassasié d'histoire, continue ta route et va goûter l'eau d'Enghien.

La Providence qui fait passer, comme on l'a dit, les grands fleuves près des grandes villes, n'a rien refusé à Paris, pour le consacrer capitale unique au monde. Elle lui a donné des eaux ferrugineuses à Passy, et des eaux sulfureuses à Enghien.

On dit même que quelques amateurs, voulant renchérir sur les faveurs providentielles, ont ouvert dans un coin de Belleville un robinet qui distille une eau suffisamment désagréable, pour qu'elle soit jugée salutaire. Les mauvaises langues prétendent que cette source descend, par infiltration, du Père-Lachaise et que Paris est exposé à boire ses morts.

Je crois que cette méchanceté est une calomnie. Mais ce qui manque aux eaux de Belleville, aux eaux de Passy et à la naïade plus coquette d'Enghien pour réussir, c'est d'être loin de Paris.

Il faut une perspective, un prétexte de déplacement plus sérieux, un attrait de voyage, pour que le Parisien ait confiance dans une intervention thermale. Son scepticisme se refuse à admettre que la santé est à sa porte, et quand il sort fatigué et échauffé de la vie quotidienne c'est pour se lancer dans une distraction nouvelle.

Toutes les sources de Vichy couleraient aux Batignolles, que les Parisiens s'en moqueraient et que les médecins élégants n'oseraient les recommander.

***

Tu n'iras pas dans cette vallée de Montmorency, à laquelle il ne manque rien qu'une petite rivière, qu'on songe d'ailleurs à lui donner, sans faire un pèlerinage à la forêt qui la domine, sans t'arrêter au cabaret où l'on trinque à la mémoire de Rousseau, et sans entrer dans la vieille église où dorment les généraux et les grands insurgés polonais de 1831.

La forêt de Montmorency est un des enchantements du Parisien. Les ânes y sont célèbres; les cerises y usurpent une réputation qui commence à faiblir, et l'eau, excepté dans le vin, y est presque totalement inconnue.

***

Meudon est plus célèbre par Rabelais qui en fut le curé, que par l'idée singulière venue un jour à Napoléon Ier, d'en faire une institution de jeunes rois. On aurait pris là les héritiers de toutes les dynasties en apprentissage. On leur aurait enseigné l'art de la guerre, les arts de la paix, et, sans aucun doute, l'arithmétique des listes civiles.

Je ne sais comment Napoléon avait conçu le programme des études, et si l'histoire eût été enseignée de même au fils de l'empereur de l'Autriche et au fils du roi d'Angleterre; car il est probable que plus tard, sortis de l'Institut de Meudon, les princes auraient eu à appliquer diversement les maximes reçues en classe.

Qui donc leur eût fait subir des examens, à la fin de leurs études, et qui donc se fût permis de leur distribuer des prix?

Quel joli petit livre, bien amusant, ou bien triste, on pourrait écrire avec les utopies de Napoléon! Empire universel en Europe, machine universelle en France, palais universel au Trocadéro, éducation universelle des héritiers présomptifs, cet accapareur de bruit, de place et d'air eût voulu tout saisir et tout absorber.

Aujourd'hui, le château de Meudon, qui a vu passer tant de météores, depuis la duchesse d'Étampes, maîtresse de François Ier, jusqu'à Marie-Louise, qui vint y attendre les dégels de Moscou; depuis Stanislas, roi détrôné de Pologne, jusqu'au prince Napoléon, le château de Meudon est un observatoire. On y voit filer les étoiles à la place des rois.

Tu peux donc, mon hôte, t'instruire encore, en visitant Meudon, et le bois qui l'entoure est le théâtre, ou la coulisse, des plus riantes idylles de la jeunesse parisienne de la rive gauche. De temps en temps, on entend à travers les arbres et par-dessus les rires aigrelets des étudiants ou des étudiantes passer un large orage de gaieté. C'est la voix de Rabelais qui mugit vers Paris, en se moquant de tous les hôtes qu'il a vus passer et en rappelant Paris à cette ironie salutaire qui fait sa force et sa gloire.

***

De Meudon, par des rues qui sont des sentiers de jardin, tu peux aller à Bellevue.

Il y a là, mon hôte, un monument qui consacre une des rébellions de la vapeur, une des plus horribles catastrophes dont Paris ait gardé le souvenir, celle du 8 mai 1842. On a dédié une chapelle propitiatoire à *Notre-Dame des flammes*. Il y a loin de cette appellation terrible aux surnoms champêtres de la litanie de la Vierge. Le *lys* est devenu une salamandre. *Notre-Dame des flammes*, patronne des incendies ! Sont-ce les pompiers seulement, ou alternativement les pompiers et les incendiaires, qui doivent l'invoquer ?

Madame de Pompadour a laissé quelques souvenirs consacrés aux arbres de Bellevue. Madame Rolland les a rendus plus sévères. C'est à Bellevue qu'une tradition plus que suspecte prétendait avoir trouvé la trace d'une tannerie de peau humaine.

Il n'y a plus que les historiens, chargés de faire peur aux enfants, qui frappent encore sur ce tambour de basque en peau humaine ; on a voulu dernièrement mettre des grelots à l'instrument, et persuader que la République, avant peu, deviendrait une tannerie générale; mais c'était un bruit que certains tanneurs, jaloux de tanner les gens, par voie de monopole, s'appliquaient à faire courir.

***

T'indiquerai-je encore Rambouillet ? C'est le point extrême du grand horizon que l'œil de l'âme ajoute à l'horizon visible.

Rambouillet, où François 1er est mort, sans grand honneur, où Charles X a dormi pour la dernière fois sur la terre de France, où Marie-Antoinette avait établi ses laiteries et ses étables, n'est plus qu'une bergerie modèle et pratique. De tous les moutons enrubannés, au xviiie siècle, Rambouillet a fait ce grand troupeau de mérinos qui a ses élèves par toute la France, et qui laisse de sa toison à toutes nos filatures.

***

Après le Versailles des Bourbons, tu voudras peut-être voir le Versailles des Condés, Chantilly, attristé par deux suicides, restés inexplicables, celui de Vatel et celui du prince de Condé. Le premier a un prétexte, la marée qui manquait ; le second ne saurait avoir le même; aussi ne lui en cherche-t-on pas, et croit-on que c'est par hasard que le prince s'est suspendu à l'espagnolette de sa fenêtre.

****

Le château de Compiègne, bâti par Louis XV sur l'emplacement du vieux Louvre de Charles V, a été la salle de bal et le boudoir du second empire. Cela n'a fait aucun tort à la forêt, dont les arbres sont restés des géants.

****

Il faudrait tourner plusieurs fois autour de Paris, en élargissant, ou en rétrécissant à chaque fois le cercle, pour n'oublier aucune station, palais, maison, chaumière, étang, prairie, forêt, montagne. On dirait que, pour faire concurrence à ses musées intérieurs, Paris a arrangé dans un rayon de vingt lieues un musée de paysages en relief, tous jolis, célèbres, pouvant se passer de l'histoire, tant ils ont la beauté éternelle et toujours jeune, mais tous ayant une ruine grandiose ou touchante, une borne où s'est heurtée une ambition, où s'est reposée une infortune illustre.

Les environs de Paris, comme Paris lui-même, sont infinis et insondables; mais comme Paris, ils ont toujours une estampille de vieille ou de récente civilisation, dans leurs mystères les plus naïfs.

Il faut donc t'attendre à trouver partout une muse pensive, même dans les forêts qui offrent l'illusion d'une virginité, et pourtant, je l'ai dit et je le répète, dans peu de pays la nature, tout en étant historiée, offre autant de surprises réellement champêtres, de coins agrestes, presque sauvages. Il semble que la mousse, l'ortie, la ronce, le lierre, et les chênes eux-mêmes aient jeté un perpétuel défi, et entretiennent un perpétuel combat contre l'art et les chroniques. Ailleurs, les ruines stérilisent; à Paris et autour de Paris, elles mettent le sel de leur salpêtre dans la végétation, pour l'activer.

Mon hôte, pars un matin pour cette vallée de Chevreuse, si verte, si douce, et pourtant si grave, qui tient son nom des chevreuils, qui a perdu beaucoup de ses parrains et qui garde l'empreinte indélébile des grands mélancoliques de Port-Royal!

Je ne crois pas que tu puisses souhaiter, à travers un décor plus mouvant, des surprises plus étranges. A quelque distance du noyer, deux fois séculaire, qui a abrité les Arnauld, et de la fontaine de la mère Angélique, dont a parlé si finement et si précieusement Sainte-Beuve, tu t'arrêteras devant le somptueux château de Dampierre, ce chef-d'œuvre de Mansard, dont M. de Luynes a fait un sanctuaire pour l'art contemporain.

Il est inutile, pour intimider le portier du château, de te faire annoncer, comme un plaisant l'a essayé, sous le nom d'un descendant du maréchal d'Ancre. On n'a pas peur des revenants dans cette belle demeure, et la statue de Minerve, par Simart, en ivoire, en or et en argent, roulerait de si grands yeux, au nom de la sagesse, que l'arrière-petit-fils de Léonora Galigaï lui-même se retirerait confus, en saluant l'heureux héritier de son aïeul assassiné et du meurtrier de son aïeul qui a si parfaitement purifié le prix du sang.

Tu iras plus loin rêver encore et respirer toujours la brise du temps présent, vaguement rafraîchie par un souffle montant des tombes, dans l'abbaye des Vaux-de-Cernay.

****

Il faut pourtant nous quitter, mon hôte. Le volume que je n'ai pas voulu faire trop gros pour Paris, je l'allourdirais de cet herbier qui s'élargit à mesure que je veux cueillir une dernière fleur, pour la joindre aux herbes déjà coupées. Oui, il faut en finir, et c'est à peine si j'ai commencé!

Je ne t'ai rien dit de Sceaux, du bal qui dure encore, où certainement les grandes dames ne dansent pas comme au temps où Balzac écrivait sa nouvelle, mais où la tradition de la chaîne anglaise s'est perpétuée.

Ici, mon hôte, la pensée est gaie, à peine attendrie çà et là par des petits mausolées.

Le néant de la vie est attesté par des simagrées en pierre. Voici un petit monument sur lequel on pourrait lire :

Ci gît
Mar-la-main
Le roi des animaux.

Ce roi des animaux, c'était le chat favori de la duchesse du Maine, et ne voilà-t-il pas de quoi saluer bien fort ?

Le cimetière de Sceaux lui-même a un air badin. Il s'appelle le cimetière des Acacias, et, sur une pierre qui a vibré aux échos lointains de la danse, on lit :

Ici
Repose le corps
De Florian
Homme de lettres.

Le chat de la duchesse du Maine, le fabuliste aimable, n'est-ce pas de quoi animer, plutôt qu'attrister la promenade ?

Et Châtillon ? et Fontenay-aux-Roses ? et Bagneux ? et Plessis-Piquet ? et Robinson ? puis-je oublier ces bosquets classiques de la galanterie parisienne ?

*
* *

Un jour un poëte qui admirait les poëtes, cherchait dans le voisinage de Fontenay-aux-Roses la demeure, la retraite où se cachait, je veux dire où se montrait un des orgueils les plus mécontents de la solitude que l'histoire littéraire de France puisse fournir.

C'était Lamartine, jeune, timide, allant avec deux ou trois de ses amis rendre visite à Chateaubriand, dans la Vallée aux Loups.

Les pages de Lamartine valent la peine d'être citées. Elles te montreront, mon hôte, le fond d'un grand cœur, resté naïf, et elles mêleront une fleur embaumée aux pervenches à demi desséchées que j'ai voulu mettre dans ton bagage.

« C'était, dit Lamartine, au mois de mai ou de juin. Fontenay était éblouissant et enivrant de ses champs de roses. La Vallée aux Loups, tout assombrie de ses forêts en feuilles, et toute résonnante de ses rossignols, ressemblait à l'avenue d'un mystère. La verte nuit retentissait sous nos pas ; nous n'avions personne pour nous conduire ; nous marchions à la lueur de la gloire qui devait nous désigner d'elle-même la maison du poëte. Nous ne tardâmes pas à la découvrir. A gauche du chemin creux que nous suivions sous les chênes, un long mur blanc, percé d'une petite porte close, enserrait une étroite gorge en pente encaissée entre des collines boisées. C'était la seule clairière de la forêt. Une maisonnette élégante, semblable à un petit temple des Nymphes, au milieu d'un bois de Thessalie, s'élevait devant une pelouse au centre de la clairière. Il n'en sortait ni serviteur, ni bruit, ni fumée, ni même l'aboiement d'un chien fidèle, ou ce gloussement des poules au soleil, signes ordinaires d'une maison habitée.

» Nous n'osâmes pas frapper à la petite porte verte. Qu'aurions-nous dit, quand on nous aurait demandé nos noms? ils étaient aussi inconnus que ceux des pèlerins qui essuient leur sueur sur le bord du chemin de ces saints de la gloire humaine! Nous fîmes le tour des murs; nous nous accoudâmes, en déchirant nos habits, sur les tessons de verre de bouteille pilé qui en garnissaient peu hospitalièrement la crête; nous grimpâmes sur les arbres de la colline qui dominaient le jardin. Nous restâmes en vain sur ces branches étendus et cachés dans ces feuillages, depuis midi jusqu'au soir; nous ne vîmes d'autre mouvement dans le parc que celui d'un filet d'eau qui scintillait en sortant d'un bassin de stuc, et celui de l'ombre, qui tournait et s'allongeait sur les gazons au pied des saules pleureurs. Nous retournâmes tristes et découragés à Paris.

» Le lendemain, nous reprîmes à pied la route de la Vallée des Loups et nos postes sur les grands chênes.

» La moitié du jour s'écoula dans le même silence et la même déception que la veille.

» Enfin, au soleil couchant, la porte de la maisonnette tourna lentement et sans bruit sur ses gonds; un petit homme en habit noir, à fortes épaules, à jambes grêles, à noble tête, sortit, suivi d'un chat auquel il jetait des pelotes de pain pour le faire gambader sur l'herbe; l'homme et le chat s'enfoncèrent bientôt dans l'ombre d'une allée. Les arbustes nous les dérobèrent. Un moment après, l'habit noir reparut sur le seuil de la maison et referma la porte. Nous

n'avions eu que cette apparition de l'auteur de *René*;
mais c'était assez pour notre superstition poétique.
Nous rentrâmes à Paris, avec un éblouissement de
gloire littéraire dans les yeux. »

N'est-ce pas, mon hôte, que ce récit charmant
rachète toutes mes pauvres petites notes? Cet *éblouissement de gloire* dont parle Lamartine ne t'attend ou
ne te menace dans aucun des pèlerinages que je
t'ai indiqués. Il n'y a plus que des lueurs crépusculaires éparses sous les ombrages de la banlieue.
Devant quelle porte les pèlerins s'arrêteraient-ils, dans
un tremblement d'amour et de respect?

Victor Hugo reste seul de toute une génération
héroïque, poétique, et je t'ai dit combien son hospitalité était facile et cordiale.

Si tu passes par le bois de Boulogne, fais-toi
montrer le chalet que la Ville de Paris avait offert
à Lamartine et d'où Lamartine est parti pour aller
dormir l'éternel sommeil dans la petite vallée de
Saint-Point. Un cortége nombreux dans lequel bien
des illustrations s'étaient mêlées à la foule, a suivi
ces simples funérailles d'un grand poëte et d'un
grand citoyen.

On l'a honoré, avec la piété qu'il avait montrée
lui-même pour Chateaubriand. Mais un sentiment
plus pur que celui de l'admiration pour un talent
égoïste se fondait dans la douleur littéraire. On se
souvenait que l'auteur des *Harmonies*, après avoir
bercé les illusions de la France, avait offert un jour
sa poitrine pour elle, devant l'émeute, en voulant

fonder le gouvernement de la liberté sans tache. Quelque chose du reflet doux et paisible d'une gloire, comme celle de Washington et de Franklin, se mêlait aux rayons de la gloire lyrique,

Adieu, mon hôte. Si tu as de grands hommes vivants dans ta patrie, garde-leur un culte attentif et respectueux ; et souhaite, quand ils mourront, que leur âme reste éparse dans les bois, les prés, les montagnes, pour que tu puisses, comme on le fait, en se promenant autour de Paris, respirer le génie humain dans le génie de la nature.

FIN

TABLE

IMPRIMERIE CENTRALE DES CHEMINS DE FER. — A. CHAIX ET Cie,
RUE BERGÈRE, 20, A PARIS. — 7613-3.

www.ingramcontent.com/pod-product-compliance
Lightning Source LLC
Chambersburg PA
CBHW051234050726
47594CB00001B/154